[德] 尼采
Friedrich Nietzsche 著

善与恶的彼岸

一种未来哲学的前奏

李健鸣 译

JENSEITS
VON
GUT UND BÖSE

Vorspiel
einer
Philosophie
der
Zukunft

目 录

001/前言

005/第一章　论哲学的偏见

032/第二章　自由精神

058/第三章　宗教的本质

079/第四章　格言和中间插入的游戏

107/第五章　论道德的自然史

133/第六章　我们这些学者

156/第七章　我们的美德

187/第八章　人民与祖国

216/第九章　什么是高贵？

255/来自高山峻岭　终曲

前　言

假设真理是一个女人——天啊，怎么能这么说！——下面的怀疑难道不是已经得到证实，即所有的哲学家，只要他们是教条主义者，就很难理解女人吗？而且，这些哲学家寻求真理时既可怕又严肃的态度以及蹩脚的咄咄逼人，不都是征服女人时笨拙和不恰当的手段吗？有一点可以肯定，那就是真理并没有被征服，今天各式各样的教条主义都同糟糕以及没有勇气的态度联系在一起。不过，教条主义还存在就已经不错了！因为有一些嘲笑者强调，教条主义已经倒下，所有的教条主义都已经倒地。更有甚者，说倒地的教条主义都已奄奄一息。严肃地说，有足够的理由可以认为：哲学中所有的教条化，不管其本身是多么神圣，多么彻底有效，很可能仅仅只是一种高贵的幼稚，以及刚刚入门的货色罢了。也许人们很快就会一次又一次地明白，哪些东西足以给那些高贵和绝对的哲学建筑物奠定基石——这些建筑物是教条主义者迄今为止修建的——，这些东西可以是一种来自民间、无法追忆的迷信（如灵魂的迷信，这一迷信作为主体迷信和自我迷信，一直到今天都没有停止胡作非为），也许是一种文字游戏，一种来自语法的诱惑或一种很不着调的做法，即把非常狭隘、非常个人、非常人性、过于人性的事实普遍化。但愿教条主义者的哲学只是历经几千年的一种承诺，如同更早年代的占星术。很可能当时为占星术付出了很多的劳动、金钱、洞察力和耐心，要比现在为任何一门真正的科学付出的多得多。在亚洲和埃及，人们把建筑艺术的伟大风格归功于这种占星术以及"超世俗"要求。看起来，所有把永恒的要求写入人类心坎的伟大东西，一开始都只是作为可怕的、让人敬畏的鬼脸在世界各地漫游，其中有一个鬼脸就是教条主义哲学，例如亚洲的吠檀多、欧洲的柏拉图主义。假如我们尚还怀有对他们的感恩之心，就必须承认，迄今为止所有错误中最糟、最无聊和最危险的就是教条主义者的错误，也就是柏拉图发明的纯粹精神和善本身。现在这一错误已经克服，在欧洲，人们已经从这一梦魇中解放出来，又能重新呼吸，并至少能享受一种更健康的睡眠。这时，我们的任务就是要保持清醒。我们是一种力量的继承者，正是反对这一错误的斗争使这一力量日益壮大。无论如何，就是要把真理颠倒一下，要否认那种远景式的东西及所有生命的基本条件，像柏拉图所做过的那样，也谈精神和善。是的，人们可以像医生那样问道："在古典主义最美的一棵树上，也就是在柏拉图身上，怎么会出现这样一种疾病？那个可恨的苏格拉底不是把他毁了吗？难道苏格拉底不是毁了年轻人吗？他喝下那杯毒酒不是罪有应得吗？"但是反对柏拉图的斗争，或为了更便于理解，以及为了能替"百姓"说话，不妨说是反对几千年基督教教会的斗争——因为基督教是为"百姓"的柏拉图主义——在欧洲制造了一种宏伟的、地球上还从没有过的精神张力。用这把紧绷的弓，现在可以朝最远的靶子打去。当然，欧洲人把这样的紧张状态理解为是紧急状态。已经有过两次要松开弓的大规模企图，一次是通过耶稣教会，另一次是通过民主的启蒙运动。启蒙运动借助新闻自由和阅读报纸事实上似乎也达到了目的，即精神不再那么容易感觉自己是"紧急状态"了！（德国人发明了火药，这太让人尊敬！但他们又收回了它，他们发明了新闻。）但我们，我们既不是耶稣教的人，也不是民主派，也不是完全的德国人，我们是好的欧洲人，是自由的、非常自由的精神，我们还拥有精神的全部困境，还有就是那把弓的全部张力！也许还有箭、任务，谁知道呢？目标……

写于西尔斯－玛丽亚，欧布伦噶丁
1885年6月

第一章　论哲学的偏见

1

诱惑我们有大胆之举的真理意志，也就是所有哲学家迄今为止都以敬重之心谈及的名声赫赫的真实性，这一真理意志已经给我们提出了多少问题啊！提出了多少奇怪、糟糕和值得怀疑的问题啊！这样的状况已经持续很长的历史了，尽管如此，看上去，似乎这段历史还刚刚开始？如果我们终于有一天能表示怀疑，失去耐心，不耐烦地扭过身去，将会出现什么样的奇迹呢？我们是从斯芬克斯那里学会提问题的吗？在这里向我们提问题的那个人究竟是谁？我们内心的什么东西想要知道"真理"呢？事实上，我们在这一意志来自何处的问题前，已经停留了很久，直到当我们最终面对一个更为根本的问题时，就只能止步不前了。我们对这一意志的价值提出问题。假设，我们想知道真理，那为什么不去知道非真理、不确定性，甚至无知呢？是有关真理的价值问题走到我们面前，还是我们自己走到问题前呢？我们中间谁是俄狄浦斯？谁是斯芬克斯？看起来，这就是问题和问号的一次约会。难道我们应该这么想：总有一天我们会认为，迄今为止这个问题似乎就从来没有提出过，似乎我们是第一次看到这个问题，注意这个问题，并敢于看到这个问题？因为这是一个勇敢行为，也许没有比这更勇敢的行为了。

2

"从一个对立中怎么能产生某些东西呢？譬如从错误中产生真理？或从追求欺骗的意志中产生追求真理的意志？或从谋私利中产生忘我的行为？或从贪欲中产生智者极其清晰的观察？这样的情况不可能出现，谁有这样的梦想，谁就是傻子，是的，很糟糕的事。最高价值的事物必定有一个别的起源，自己的起源，这些事物不可能来自这个非永恒的、诱惑人的、欺骗人的卑微世界，不可能来自由疯狂和贪婪组成的混乱！而更多地是来自于存在的怀抱，在永恒里，在隐秘的上帝身上，在自在之物上，其原因肯定在这些地方，而不是其他任何一个地方。"这种判断方式就是那种典型的偏见，通过这一偏见，可以重新认出所有年代的形而上学者。这一类型的价值判断是以他们所有的逻辑过程为背景，他们从他们的那种信念出发，努力地要获得他们的知识、他们的某种东西，这些东西最终会被他们神圣地命名为真理。形而上学者的基本信仰就是相信价值的对立。他们中最谨慎的人也不会想到,从一开始就要怀疑这种对立,这一点最为必要,哪怕他们称赞自己已经怀疑过了一切。比如,可以怀疑,第一,是否真的存在对立。第二,形而上者肯定的那些来自民间的价值评估和价值对立,也许只是表面的估计,仅仅只是暂时的视角,也许甚至是从某一个角度出发的视角,借用一个画家喜欢用的表达,也许是自下而上,就像青蛙的视角?至于谈到也许会使真实、真诚、无私成立的价值,很可能就是,必须给予表象、进行欺骗的意志、自私自利和贪欲,一种比所有生命更高和更基本的价值。甚至还有可能,即那些好的和值得尊敬的东西,恰恰是同糟糕的、看上去对立的东西以一种尴尬的方式相近、连接,混杂在一起,也许甚至本质都一样。也许!但谁愿意关心这么危险的"也许"呢!为此,人们必须等待新类型的哲学家来临,这种哲学家与迄今为止的哲学家相比,拥有某种相反的品味和倾向,他们在任何意义上也许都是危险的哲学家。我郑重其事地宣布:我看到这样的新哲学家已经出现。

3

长久地、仔细地研究了哲学家字里行间的东西后,我对自己说:我们必须把大部分有意识的思考归纳到本能的行为中去,甚至哲学思考也不例外。我们必须改变观念,就像在涉及遗传和"新生儿"问题时改变观念一样。在遗传的前期和过程中，很少考虑出生这一行为，同样，"意识"在某种决定性意义上同本能也很少对立。一个哲学家大多数有意识的思考受到他的本能的偷偷引导，这些思考迫使他进入一定的轨道。在所有的逻辑和看上去十分独立的逻辑运动的后面，也都是价值判断，更清楚的表达就是：保存一个特定生命物种所需要的生理要求。比如，确定的东西要比不确定的东西更有价值，表象不如"真相"有价值。类似这样的判断尽管对我们来说有相当的重要性，但这仅仅只是表层判断，是一种特定形式的愚蠢，为了保存我们这样的本质所必需的愚蠢，前提当然是，人恰好不是"万物的尺度"……

4

　　一个判断的错误对我们来说还不是反对这一判断的理由，我们的新语言在这里听起来也许最为陌生。问题在于，一个判断在何等程度上可以促进生命、保存生命、保存物种，甚至培育物种。我们原则上倾向于说，最错误的判断（"综合判断"从经验上来看也属于此列）对我们来说最不可缺，人如果没有逻辑虚构，不去衡量一个纯粹想象出来的绝对世界的现实，不进行自我比较，不通过数字不断地伪造事件，人完全无法生存，放弃错误的判断就是放弃生命，就是否定生命。要承认非真理是生命的条件，这就是说要以一种危险的方式抵抗习惯的价值感觉，一种敢于如此行事的哲学，就凭这一点就位于善与恶的彼岸了。

5

刺激我们半怀疑、半嘲弄地看待所有哲学家的原因，并不是因为人们不断地发现，他们是多么无辜——他们是如何经常和非常轻易地相互攻击和迷失，简而言之就是他们的稚气和天真——，而是因为他们不够诚实。只要稍稍接触到真实性问题，他们就会弄出很大的道德动静。他们全都会站出来，似乎他们是通过一种冷酷的、纯粹的、神般的、无忧无虑的辩证法的自行发展，发现并得出自己的观点（与各种级别的神秘主义者不同，这些人要比他们更诚实、更愚蠢，这些神秘主义者谈论：启示）。基本上，一句抢先说的话、一个想法、一种"灵感"，特别是一个抽象的并被挑选过的内心愿望，会受到他们的辩护，当然是用后来才想出来的理由——他们都是律师，他们自己不想被叫作律师，他们中的大多数甚至还是自己偏见狡猾的支持者，他们把这些偏见洗礼为"真理"。——无论是涉及警告敌人或朋友，还是出于傲慢和嘲笑这种傲慢，他们离良心的勇敢非常遥远，而这一良心承认这点，真的承认这点，他们离勇敢的品味也很遥远，这一勇敢也表示理解。老康德既僵化又得体的伪善——康德正是以这一伪善吸引我们，更准确地说是诱惑我们,去注意辩证法的秘密小道,这些小道通往他的"最高原则"——他的这一表演让我们这些被宠坏的人微笑,使我们在审视那些老道德主义者和鼓吹道德的人的高级恶意时找不到一点快乐。哦,还有那个数学公式的咒语,斯宾诺莎就用这个数学公式把他的哲学,即"对他的智慧的爱"——他正确并合理地说明了这一点——包上铁,戴上面具,好从一开始就减弱进攻者的勇气,而这一进攻之人本来都敢于把目光投向那个无法战胜的处女拉斯·雅典娜的。一个隐居病人的面具暴露了自己怀有多少胆怯和多么易受攻击。

6

我逐渐发现迄今为止的每种伟大的哲学到底是什么,就是这些哲学创造者的自白,以及一种并非情愿和不加注意的记忆。同时,每种哲学的道德(或非道德)意图就是自己生命的胚芽,从中生长出完整的植物。事实上,如果要解释一个哲学家最生僻的形而上观点是怎么产生的,人们应该首先问一下自己:它(他想)要达到什么样的道德?所以我不相信一种求得认识的本能是"哲学之父",我认为应该是另外一种本能,在任何地方都会这样,这种本能就是仅仅把认识(和错误认识)当作一种工具来运用。但那些从以下角度看人的基本本能的人,即看一看这些基本本能作为创造性天才(或魔鬼,或小鬼）能把自己的游戏玩到什么地步，他们就会发现，这些人都曾经搞过哲学。他们每一个人都太愿意成为生存的终极目标以及其他本能合理的统治者，因为每种本能都有掌控欲，而具有掌控本能的人就会试图去搞哲学。当然，那些学者，那些本来是科学之人的学者，可能情况会不同，也可以说"会好些"。所以很可能真的有像认识本能这样的东西，认识本能就像一个独立的小表，只要上好弦，就可以勇敢地开始工作，学者其他的本能本质上不必参与。所以，学者自己的"兴趣"，一般来说是在别的地方，例如家庭或挣钱或在政治上；是的，他的小机器放在科学的这处或别处，或那个充满希望的年轻工人是否能让自己成为好的语文学家或蘑菇专家或化学家，对他来说几乎统统都无所谓——他变成这个或那个，也都无足轻重。相反，在哲学家身上，没有东西与自己无关，特别是他的道德无可反驳并决定性地证明了他是谁，也就是说，证明了他的本性中最内在的本能是以什么样的地位发生着关联。

7

哲学家可以恶毒到什么程度！我没有看到比伊壁鸠鲁对柏拉图和柏拉图主义者开的玩笑更为恶毒的了，他把他们称为酒神的信徒。按照字面的意思和从表层来看，就是说他们都是酒神的奉承者，也就是暴君的工具和马屁精。但他还想说的是，他们"所有的人都是演员，没有真实之处"（因为酒神就是演员的俗称）。后者实际上才是伊壁鸠鲁向柏拉图发出的攻击，让他不满的是这些人不可一世的态度，总是进入表演状态，柏拉图和他的学生们善于此举，而伊壁鸠鲁就不行。伊壁鸠鲁是萨摩斯岛的教员，他躲在雅典自己的小花园里，写了三百本书。可有谁知道呢？他这么做也许是出于对柏拉图的愤怒和功名心，一直到一百年以后，希腊才发现伊壁鸠鲁这个花园神到底是谁。希腊发现了吗？

8

每种哲学里都有哲学家信仰登台的一刻。或用一个古老神秘国的说法就是：驴子上台，漂亮又精干。

9

你们要顺应自然生活？哦，你们这些高贵的廊下派，你们的话太有欺骗性了！你们想出来一件如自然一样的东西，毫无节制地浪费，毫无节制地无所谓，没有目的和顾忌，没有怜悯和正义，富有成果，同时又很荒凉和不确定，你们把无差别看作是威力，你们怎么能按照这种无差别生活呢？生活不就是恰恰要不同于自然的样子吗？生活不就是需要掂量、选优、不公平、限制和不同吗?假设,你们顺应自然的法则从根本上就意味着顺应生活而生活,你们怎么会做不到呢?为什么要从你们自己是什么和必须是什么中,制造出一个原则呢?实际的情况完全不一样。当你们兴高采烈地假装从自然中找到你们规律的准则,你们实际上要的是相反的东西,你们这些出色的演员和自我欺骗者!你们的骄傲要把你们的道德、你们的理想强加给自然,你们居然要强加给自然,并要求自然接受它们。你们提出,自然就是按照廊下派的自然,并要让所有的存在按照你们的模式来塑造,作为对廊下派一个巨大、永恒的赞美和普遍化!你们以你们对真理的所有爱,强迫自己这么久、这么执着,像被催眠似的僵化;你们错误地看自然,也就是廊下派式地看自然,直到你们已经不能以别的方式看自然。随便一种深渊般的傲慢都会给予你们这些精神病患者以希望,因为你们善于自己折磨自己。廊下派就是自我折磨,也让自然受到折磨,难道廊下派不是自然的一部分?——但这是一个古老和永恒的故事:只要一种哲学开始自己相信自己,当年在廊下派人身上发生的事情,现在也会发生。这样的哲学总是按照自己的图像塑造世界,它只能这样。哲学就是这种暴君式的本能,是获得强力的最精神的意志,是"创造世界"的意志,是求得根本原因的意志。

10

今天在欧洲,人们到处都在探讨"真实世界和表象世界"这一问题，探讨之人是如此勤奋和细致，我甚至想说：十分机敏。这一现象引起我们的思考和倾听。那些在这样的背景下只听见"真理意志"，其他什么也听不见的人，肯定不会喜欢那些最尖的耳朵。在个别和很少的情况下，也许真的存在一个真理意志，存在没有节制和冒险的勇气，失去地位的形而上者的野心也参与其中，这样的人更喜欢满满一车的确定性，而不是满满一车美好的可能性。也许甚至还有一些良心的狂热清教徒，这些人宁可躺在可靠的虚无上，也不躺在在某种不确定的东西上。但这正是虚无主义和一个疲劳不堪、绝望的求死灵魂的象征，尽管这样的一种美德姿态表现得非常勇敢。而在那些更强大、更有生气、更饥渴生活的思想者那里，情况则不同：他们反对表象，傲慢地说出"前景"两个字，他们质疑自己身体的可信度和表面印象的可信度是一样的少，这种表面印象就是：地球是静止不动的——然后他们会看上去非常高兴地把自己最可靠的占有拱手相让（现在还有什么比身体更可靠的呢？），谁知道，他们是否是要从根本上夺回某种过去更可靠的占有呢，比如人们曾经拥有过更可靠的东西，比如过去拥有过的信仰的基本占有，也许是"不朽的灵魂"，也许是"老上帝"，简而言之，就是想法，依靠这样的想法要比依靠"现代思想"活得更好、更带劲、更快乐？这里包含着对"现代思想"的怀疑，是对昨天和今天建设起来的东西的不相信，也许还有一点轻微的厌倦和嘲弄，这一嘲弄已无法忍受来自各种不同出处的零敲碎打的概念。今天，正是所谓的实证主义把这些东西带到市场，更爱挑剔的品位对冒牌哲学家在集市上贩卖的令人眼花缭乱的廉价货产生恶心，这些东西除了让人眼花缭乱外什么也不是。我认为，应该肯定这些持有怀疑态度、反对实证主义和认识论的微观学家的做法。他们的本能，把他们从现代现实中赶出去的本能，是无法反驳的。那么他们逆向的小路与我们有什么关系呢！他们身上本质的东西不是他们要回去，而是要离开。如果有一点力量、速度、勇气和艺术性，他们就会想走出去，而不是走回去！

11

在我看来，现在各地的人们都在努力转移视线，不再关注康德对德国哲学的影响，也就是狡猾地避开康德自己承认的价值。康德主要并首先是对自己的"范畴表"感到自豪，他手持这张表，说道："这是为了保护形而上学所做过的最难之事。"你们理解"所做过"的意思！他非常自豪，因为他在人身上发现了一种新的能力，就是先验综合判断能力。就算他在这方面是自己骗自己，但德国哲学的发展和迅速繁荣就是依赖这一自豪，以及依赖所有更年轻的人为了发现更令人自豪的东西所付出的努力，不管怎么说，这是一种"新的能力"。但现在，是我们该清醒的时候了。康德问自己，怎么可能有先验的综合判断呢？他究竟对此是怎么回答的呢？"因为一种能力"。很遗憾，他不是用几个字来说清楚，而是如此麻烦，如此郑重其事，这一回答包含了德国人如此多的深奥和装腔作势，以至于让我们听不到在这一回答中所包含的可笑的愚蠢。人们甚至对这种新的能力得意忘形。当康德还发现了人的道德能力时，欢呼声就达到了最高点。因为那时的德国人尚还有道德，还没有完全崇尚"现实政治"。德国哲学界的蜜月到了，图宾根大学所有年轻的神学家马上跃跃欲试，所有的人都在寻找"能力"。在德国精神那个无辜、丰富和年轻的时代，当浪漫派、凶狠的仙女还在钻进钻出，人们还没有把"发现"和"发明"分开的时候，被发现的东西简直是无奇不有！特别是那种"超感官"的能力，谢林把这命名为智力观，从而以发自内心的最深欲望，迎合那些本质上非常虔诚的德国人。我们不能责备这一忘乎所以、狂热的运动，我们只能严肃地对待这一青年运动，尽管这种运动大胆地用灰色的、老态龙钟的概念进行伪装，甚至使用道德的热情。行了，人们渐渐变老，这个梦飘走了。然后就到了不停揉擦额角的时光，一直到今天依然如此。人们曾经做梦，首先是老康德，他说了"因为一种能力"，至少他这么认为。但这是一个回答？一个声明？或更多的只是问题的重复呢？鸦片是如何让人入睡的？"因为一种能力"，即睡眠能力，这是莫里哀剧本中那位医生的回答："因为这是它的一种能力，其本质是能催眠感官。"

但类似这样的回答属于喜剧,现在是时候了,该把康德的问题——"综合的判断能力怎么可能是先验的"通过另外一个问题"为什么相信这样的判断是必要的"取而代之,也就是要去理解,为了保存我们这种类型的生命,必须相信这样的判断是对的,尽管这些判断极有可能是错的!或者更清楚的回答和彻底粗鲁的回答则是:根本不可能有先验的综合判断,我们没有获得这种综合判断的权利。我们的嘴里尽是错误的判断。不过,有必要相信其是真理,作为一种表面的信仰和表象,这一表象属于生活的透视光学,最终是为了顾及"德国哲学"在全欧洲产生的影响。我希望,人们会理解,德国哲学在这里有资格加上引号,这样人们就不会怀疑,某种美德也参与其中。人们狂喜,因为在所有民族的那些高贵的懒人、道德之人、神秘之人、艺术家、四分之三的基督徒和政治黑帮中间,借助于德国哲学还能找到治愈一种超大感觉论的药品,这种上世纪的感觉论流入这世纪,简而言之就是——"让感官昏昏入睡"……

12

唯物主义原子论属于现有的、最易被反驳的东西之一,也许今天在欧洲,除了用来翻阅和家用外(也就是作为表达手段的一种缩写),没有学者会无知到去严肃对待它。这首先要归功于波兰人博什科维奇,他与波兰人哥白尼一样，是迄今为止最伟大和最成功的肉眼观察反对者。哥白尼说服我们相信，与所有的感官经验相反，地球并非静止不动。博什科维奇则让我们抛弃地球不动的信念，而是相信材料、"物质"，相信土地原子，这是对感官最大的胜利，是迄今为止地球上获得的最大胜利。但我们还要深究，并要对"原子要求"宣战，这一要求一直还在经历危险的历程，在没有人想到的领域，就像那个更有名的"形而上学要求"，那是一场你死我活的战争。我们必须首先也要对另一种更灾难的原子学开战，这种原子学被基督教宣扬得最好，也最久，那就是灵魂原子学。这一称呼可以很好地说明一种信仰，这种信仰把灵魂看作是某种不可消灭的、永恒的、不可分割的，看作为单子、原子。人们应该把这一信仰踢出科学！私底下我们完全可以说，在作战时不需要摆脱灵魂本身，不需要放弃最古老和最值得尊敬的假设之一——不要像经常能遇到的那些笨拙的自然主义者，他们刚接触到灵魂，也就失去了它。但新的和更精细地掌握灵魂假设的道路是开放的，"人的灵魂""作为主体多数的灵魂"以及"灵魂作为本能和情绪的社会建筑"在科学中会有一席之地。新的心理学家终止了迷信，这一迷信迄今为止几乎是以一种热带的富饶占据了对灵魂的看法，这样的心理学家自然也进入了一种新的不毛之地并产生新的怀疑——更老的心理学家也许会更舒服和更快乐——但最终他也把自己宣判为是去搞发明。谁知道呢？也许是为了找到什么。

13

生理学家应该考虑,是否要把维持生命的本能看作是一种有机物的主要本能。特别是要考虑,一些有生命力的东西要释放它的力量,生命本身就是强力意志——自我维持仅仅是那些间接和最常见的后果之一。简而言之,这里和在其他地方一样,要小心那些多余的目的论原则!其中的一个就是自我维持本能(这要归功于斯宾诺莎的矛盾性),因为这一原则提供了一种方法,这种方法从根本上来说就是使用原则时要节约。

14

现在,也许在五个或六个脑袋里,已经朦朦胧胧地产生以下想法,即物理学也仅仅是一种对世界的分析和安排(在我们看来!如果允许的话),而不是对世界的解释。但正因为物理学相信感官,它的作用更大,从长远来看也会更大,即会被看作是对世界的解释。物理学有其自己的眼睛和手指,有其自己的目光并能动手。对一个以平民基本品味为主的时代来说,它的作用令人惊叹,它有劝告作用和让人信服的作用——它本能地会追随民间永恒的感觉论。什么东西是清楚的,什么东西予以"说明"?首先是什么东西能看到和能触摸到——人们必须把每个问题都想到这个地步。相反，柏拉图思维方式的魔力就在于反对感官性，这种思维方式是一种高雅的方式——也许那些与我们同时代人相比有更强大和更敏感感官的人会这么想，这些人甚至认为掌控感官是更大的胜利：他们依靠冷冰冰的苍白的概念网，并把这一网撒在了绚丽的感官漩涡上，如柏拉图所说，撒在平民的感官上。这是按照柏拉图的姿态在征服和分析世界过程中产生的另一种类型的享受，但不是今天的物理学家给我们提供的享受，也不是物理工作者中的达尔文主义者以及无神论者提供的"最小可能的力量"和"最大可能的愚蠢"的原则。"人在看不到和抓不到的地方，就不可能寻找什么东西"，这当然是不同于柏拉图准则的另外一个准则，但这一准则对未来机械工和架桥工这一勤奋的一代人，对必须干粗活的一代人来说，恰恰可能是正确的准则。

15

为了能心安理得地从事生理学，必须要坚持以下看法，即感觉器官不是唯心主义哲学意义上的现象，所以它们不能成为原因！这样的话，感觉论至少可以作为调整的假设，如果不说是启发式原则的话。什么？其他人甚至说，外部世界是我们感官的作品？这样的话，我们的身体作为这个外部世界的一部分，不就是我们感官的作品了吗？！这样，我们的感官本身不也就是我们感官的作品吗?! 在我看来，这一点是彻底的荒诞。假设，自因这个概念是某种彻底荒诞的东西，结论就是，外部世界不是我们感官的作品！——是这样吗？

16

依然存在无害的自我观察者，他们相信，"直接的确定性"是存在的，比如"我思"，或比如，叔本华的迷信"我要"——认识在这里似乎极其纯粹和赤裸裸地有了它要掌握的对象，也就是"自在之物"，无论是从主体的角度来看，还是从客体的角度来看，都不存在伪造。但"直接的确定性"，同样"绝对的认识"和"自在之物"都包含了一种矛盾，所以我要一百次地重复：人们应该终于摆脱语言的诱惑了！就算老百姓相信，认识是一种最终完成的认识，但哲学家必须对自己说：如果我剖析"我思"这句话里所表达的过程，我就会得到一系列大胆的说法，要证明这些说法也许很难，也许根本不可能。例如，我是那个在思的人，这个人在思，必然会存在某种东西，是这一东西在思，其思的内容就是：思考是一个本体的活动和效果，这一本体被视为原因，来说明存在一个"我"，这样，终于确定了什么东西可以被称为思考，也就是我知道什么是思考了。因为如果我自己都不能确定这一点，我如何才能衡量，刚刚发生的事情也许只是"想"或"感觉"到了呢？够了，那个"我思"的先决条件是，我把目前的状态同我认识到的自身状态进行比较，以确定这个状态是什么。正由于同其他"认识"的关系，这种状态对我来说就没有了直接的"确定性"。——哲学家在那个"直接确定性"的地方，也就是百姓在这种情况下非常相信的地方，会得出一系列形而上的问题，这完全是智力的良心问题，也就是："我从哪里拿来思考这个概念？为什么我相信原因和效果？什么东西给予我权利可以谈我，甚至谈到作为原因的我，最终谈到作为思想原因的我？"那些因援引某种认识、直觉敢于立刻回答这些形而上问题的人，正如那个说"我思考，并知道，这一点至少是真的，确实是真的"的人，这样的人今天在哲学家那里会得到一个微笑和两个问号。哲学家也许会对他说："我的先生，您不搞错的可能性实在太小了：但为什么这也绝对是真理呢？"

17

至于谈到逻辑学家的迷信，我会不辞辛苦不断强调一个小小的事实，这些迷信之人不愿意承认这一事实，即一个想法的出现，是"想法"愿意，而不是"我"愿意。所以说，主语"我"是宾语"思考"的条件就是对事实的歪曲——"它思"：但这个"它"恰恰就是那个古老的有名的"我"，退一步讲，这仅仅是一种假设，一种说法，特别不是"直接确定性"。对那个"它思"已经研究了太多。就是这个"它"包含了过程的分析，而不属于过程本身。人们按照语法的习惯得出的结论就是："思考是一种活动，每种活动都会有一个活动的人参与，所以……"较早的原子论者大概也按照这一模式，去寻找起作用的力量，也就是力量所处的那一点点物质，力量就是从那种物质出发起作用，即原子。更为严格的学者终于学会了不用"这点土"也能进行研究。也许有一天人们也会习惯以下事实，即逻辑学者也不再需要那个小小的"它"（那个诚实和古老的我会逃到"它"中）。

18

一个能被反驳的理论，这一点肯定不是这一理论最小的吸引力。但恰恰这一点却吸引了那些更聪明的脑袋。看起来已经被反驳过几百次的"自由意志"的理论之所以存在就因为这吸引力。总会出现这样的人，觉得自己强大到足以反驳这一理论。

19

哲学家们习惯这么谈论意志，似乎意志是世界上最众所周知的事物，是的，叔本华就是要让我们明白，只有意志是我们了解的东西，完完全全熟悉的东西，原原本本熟悉的东西，但我总在担忧，叔本华在这件事情上也只是做了哲学家习惯做的事情,就是他拿来了一个百姓的偏见,并夸大了这一偏见。对我来说,意志首先是复杂的东西,只有在作为字眼时才是统一的东西,恰恰就是在这一字眼中存在着百姓偏见,这个字眼由于以往哲学家们的不小心成了他们的主人。那就让我们小心一点,让我们"不那么哲学",我们会说,在每种意志中,首先是感受占了大部分,也就是有关状态的感受:离开这种状态的感受,去往那种状态的感受,离开和去往的感受,然后再加一点肌肉的感受。我们不需要去运动"胳膊和腿",而是通过一种习惯,只要我们"愿意",就会开始游戏。这就是说,承认感受和各种感受是意志的组成部分。此外,还有第二点,就是思考:在每个意志活动中,有一个发出指挥的想法。我们不应认为,能把这个想法同意志分开,似乎这样就可以只剩下意志了!第三点,意志不仅是感受和思考的综合体,它首先还是一种情感,是指挥的情感。被称为是"意志自由"的东西,基本上是面对那个必须服从的人占优势的情感:"我是自由的,他必须服从。"这一意识处于每一种意志中,此外还有注意力造成的紧张、只对准一样东西的目光以及决断性的价值评估:"现在做这个,不能做别的",那种内心的确定性,即要让他人服从,以及其他属于命令者的东西。一个有意志的人命令另一个人要听从什么,或者他认为必须要听从的东西。但现在我们要重视意志最神奇的东西,也就是在这个具有多层内容,而老百姓只用一个词就予以说明的意志里，最神奇的东西是什么。我们在一定的情况下既是命令者，也是服从者。作为服从者我们了解被迫、被挤压、反抗和运动的感觉，这些感觉在意志完成行动后一般就开始产生。另一方面我们习惯于不理会由综合概念"我"而产生的二重性，并欺骗自己。在这个意愿上，还附有一连串错误的结论，当然也是由意志错误的价值判断造成的，从而使有意志的人坚定地相信，意志足够产生行动。因为在大多数情况下，所谓有意愿就是人们能期待命令会产生效果，也就是有人会听从，会行动。这样，表象就变成了一种感受，似乎必然会产生效果。够了，那个有意志的人相信，只要有相当大的自信，意志和行动就会合二为一，他把成功、意志的实现都归功于意志本身，同时享受权力感的增强，而正是这种权力感带来所有的成功。"意志的自由"，这一字眼形容了那个有意志的人的多层快乐感，那个有意志的人下命令，同时把自己同实施者合为一体，作为这样的人，他欣赏征服的胜利，他对自己说，是他的意志克服了反抗。有意志的人也欣赏他克服阻碍的胜利，但他自己的判断是，是他的意志克服了阻碍。那个有意志的人把正在使用并取得成功的工具产生的快感、使用"下意志"或"下灵魂"的快感——是的，我们的身体只是许多灵魂的社会建筑——统统变成了命令者的快感。"效果就是我"：这里就产生了在每一个结构良好和幸福的团体中产生的东西，即统治阶级把自己与团体的成功等同起来。所有的意志最终都与命令和服从有关,其基础,正如所说,是由许多灵魂组成的社会结构。这就是为什么一个哲学家应该有权利把意志本身放到道德的范畴去研究,因为道德被理解为是研究统治关系的学问,而就在这种关系下出现了"人生"这一现象。

20

哲学概念都不会任意增长,不会为自己增长,而是通过相互的关系和亲缘一起成长;这些概念——尽管看起来似乎是突然和任性地出现在思想史上——都属于一个体系,就像地球一部分的动物群的分支属于一个体系一样。这一点也通过下面的事实得到证实,即最不同的哲学家总是不断地填满各种哲学的某种基本表格。在一种不可见的魔力的支配下,哲学家们总是重新开始循环。不管他们怀有批判性意志还是系统性意志,他们总感觉自己完全不依赖于他人。他们内心中的某些东西带领他们,有某种东西驱使他们在一定的秩序下相互追随,那就是概念独有的系统性和相近性。事实上,他们的思考很少表明他们是发现者,更多的是一种重新认识、重新回忆,是回到一个很远、很古老的灵魂总体,而那些概念就是从总体中生成。因此,搞哲学是最高级的返祖现象。所有印度、希腊和德国哲学奇怪的家族相似性就足够说明这点。恰恰在具有语言相似性的地方,鉴于语法的共同哲学——我是指鉴于同样语法功能的非自觉的控制和引领——不可避免的是，从一开始，所有的一切都为哲学体系类似的发展和程序做好了准备，而通往解释世界的其他可能性的道路却是堵塞的。古老的阿尔泰地区的语言区域的哲学家们（在这一区域中，主语概念发展得最差）极有可能看"世界"的方式不同，他们不同于印度日耳曼人或伊斯兰教徒，可以在其他的道路上找到他们。一定的语法功能的魔力最终就是生理价值判断和种族条件的魔力。这些话是对洛克就思想的起源所说的那些肤浅之语的反驳。

21

自因是迄今为止被想出来的最好的自我矛盾，是某种具有逻辑的强奸和反常，但人类肆意的骄傲却偏偏很深地、可怕地纠缠于这一胡闹之事。追求"自由意志"的要求，并赋予形而上最高的理解——这一理解很遗憾一直占据了那些一知半解的人的脑海——，对自己的行为承担全部和最后责任心的要求，并要求自己以此减轻上帝、世界、前辈、偶然性和社会的负担，这些要求无非就是自因，再加上比明希豪森①还厉害的鲁莽：就是要使劲拉着自己的头发把自己从泥潭中拔出来。假设，有

---

① ［译注］十八世纪德国冒险家，以吹牛著称。（以下注释均为译注，不再特别标注。）

人发现了这个有名的"自由意志"概念的农民式的愚笨，并把概念从头脑中去掉，那我就会要求他再进一步加强自己的"启蒙"，也要去掉那个可怕概念"自由意志"的翻转，我是指"非自由的意志"，这一意志会导致滥用原因和效果。我们不应该错误地物化原因和效果，如自然研究者所做的那样（还有那些像他们一样今天在思考中把一切自然化的人），这些人按照占统治地位的机械化的愚蠢，挤压原因，一直到原因起作用为止。我们应该把原因和效果只当作纯粹的概念来用，这就是说作为一般的功能，是为了标识，是为了理解的目的，而不是进行解释。从"自在本身"来看，不存在什么原因组合、必要性和心理的非自由，不会出现原因的效果，没有"规律"在统治。我们，只有我们创造了原因、次序、赞同、相对性、强迫性、数字、规律、自由、理由和目的。如果我们把这一符号世界作为自在本身写入和混入事务，我们就又做了我们以前一直做的事情，即神秘化。"非自由意志"就是神秘学，而现实生活涉及的只是强大意志和微弱意志。如果一个思考者在所有的因果关系和生理必要性中感受到某些强迫性、必要性、必须听从、压力和非自由的东西，那这几乎就是一个症状，说明这个人缺少什么东西，而感觉到这些东西，就是暴露，也就是这个人自己暴露了自己。如果我观察正确的话，从两个绝对相反的角度出发，以一种非常深入的个人方式，得出的结论就是意志的非自由性是一个问题。有些人不管付出什么代价都不愿失去自己的责任心和对自己的信任，不愿放弃做出个人功绩的权利（有功名心的民族属于此类）；相反，另一些人不要负责，不认为自己做错了什么，从一种内在的自我轻视出发，要求自己能往哪里滚就往哪里滚。后一批人如果写书的话，今天都会接纳罪犯。一种社会同情心是他们最喜欢的伪装。如果意志薄弱的人善于把自己当作"人类苦难的宗教"，他们的宿命论确实会得到惊人的美化，这也是他们的"好品味"。

22

请你们原谅我这个过去的古语文专家无法摆脱的恶毒习惯，即要对很差劲的解释艺术提出责问。不过，那种自然的规律性，也就是你们的物理学家如此自豪地提到的规律性——似乎这种规律性之所以存在，应归功于你们的解释和很差劲的"古语文学"——这种规律性不是事实，不是"文本"，更多的仅仅是对一种幼稚人道主义的调整和扭曲原意，你们就是用这样的东西来大大迎合现代灵魂的民主本能！"到处是平等优先于法律，大自然在这点上与我们没有什么不同，也不比我们更好"，这是一种乖巧的隐念，在这一隐念里，庶民对所有特权和自我赞美的敌意得到美化，得到美化的还有第二种和更高级的无神论。不要上帝，不要老爷，你们不是也想要这个嘛，所以高喊自然规律万岁！对不对？但，正如已经说过的那样,这是解释,不是文本。也有可能会过来一个人,他怀有相反的目的和解释艺术,他来自同一个自然,面对同样的现象,但他恰恰能读到要暴君式地、无情地和坚决地贯彻权力要求。一个解释者,他把所有强力意志中的无例外性和决断性放到你们眼前,让你们看到,几乎每个字,甚至暴君这两个字最终也都无法使用,或看起来只是像减弱和温和的比喻,看起来会太人性。这个人最终会强调这个世界上同样的东西,也就是你们强调的东西,即世界有一个必要的以及可以估计的过程,但不是因为这个世界有规律,而是因为绝对没有规律,每种权力在每一时刻都会得出自己最后的结论。假设,这也仅仅是解释,那你们会急切地马上采纳吗?如果是,就更好。

23

迄今为止,全部心理学都因道德偏见和恐惧而停止不前,不敢往深发展。我把心理学理解为是强力意志的结构学和发展学,还没有人像我一样在自己的思想里闪过这一念头,但如果允许在迄今为止的记载里,找到被沉默的东西的症状,就会产生这一念头。道德偏见的威力已经深深地进入了最精神、看起来最冷酷和最自信的世界,理所当然,这必定有害,会起阻碍作用,会炫目和扭曲。一种真正的生理心理学必须对付研究者内心的下意识阻抗，这样的心理学拥有对抗自己的"心"。这是好本能和坏本能相互制约的理论，这一理论作为高尚的非道德也会使一种更强大、更善良的良心增加痛苦和烦恼，这更是一种从坏本能中提炼好本能的理论。但前提是，人们要把情感，比如憎恨、嫉妒、贪婪和权势，当作是决定生命的情感，看作是全部生活必须具有的基本内容和基本性质，当然如果生命必须提高，这些东西也必定会提高。这样的人会因为他的判断的这一方向而受苦，就像晕船一样。但就是这样的假设，在更危险的认识的几乎还是新的巨大国度里，还远远不是最令人尴尬和最陌生的假设。事实上，有几百个好理由足以说明，每个人都要远离这一国度，只要做得到！另一方面，如果它的船漂泊到这里，现在！太好了！要咬紧牙关！睁大双眼！手要握紧船舵！我们可以从道德上开过，我们在这个过程中也许会压碎自己剩余的道德性，因为我们自己决定航线，并敢于这么做。我们还能做什么！那些虚张声势的旅行者和冒险家还从来没有给自己打开过认识的更深世界，而那个心理学家，做出牺牲的心理学家——他不是牺牲理智，相反！——他至少可以提出要求，要重新承认心理学是科学的女主人，其他的科学要为她服务和准备，因为心理学现在又成为通往基本问题的道路！

第二章 自由精神

24

头脑简单的神圣之人啊！人是活在多么奇怪的简单化和伪造中！如果我们把目光注意到这一奇事上，那真是无法停止惊奇。我们是如何把周围的一切变得如此敞亮、自由、轻松和简单！我们是如何允许我们的五官接受一切表面的东西，并给予我们的思考一种神性的追求，去了解勇敢的跳跃和错误的结论！——我们如何从一开始就明白，要保持我们的无知，才能获得生命的几乎无法理解的自由、无忧无虑、大胆、善良、快乐，从而享受生活！只有在这一无知的坚固的、磐石般的基础上，科学迄今才得以升华。还有求知的意志，在一个更巨大的意志基础上求知的意志，这一更巨大的意志就是不想知道的意志、不求认识和不求真实的意志，不是作为意志的反面，而是作为意志的净化！也许语言在这里和在其他地方一样，都无法超越自己的笨拙，而且只能在有阶梯高低和某种高贵的地方大谈什么对立，但愿道德的那种深入骨髓的伪善——这种道德现在已经属于我们无法克服的"肉和血"——能颠倒我们这些有识之人嘴中的话语。无论在哪里，我们都理解这点，并发出如下的嘲笑，即恰恰是最好的科学也还是要完美地把我们留在这个被简单化的、彻底人造的、用诗歌谱写的、完全虚假的世界里，就像科学非自愿和自愿地喜欢错误那样，因为科学、活生生的科学热爱生命！

25

在这么一个轻松的开始后，不应该忽视一句严肃的话。这句话针对最严肃的人。你们要小心，你们这些哲学家和认识之人，要小心殉难！小心为"真理"而受苦！甚至小心不要为自己辩护！如果你们在同危险、诽谤、怀疑、排斥以及敌对造成的更粗暴后果的斗争中，最终不得不扮演地球上维护真理的勇士，这一定会使你们的良心失去所有的清纯和高雅的自然性，会让你们顽固地反对不同意见和掏出红布①，使你们变得愚蠢，变得像动物和公牛——似乎"真理"是一个如此无害和迟钝的人，需要得到辩护！需要你们，你们这些最悲伤的骑士，我的先生们，你们这些无所事事和编织精神蜘蛛网的人！你们最终也完全知道，以下的问题毫无意义，即你们是

---

① 斗牛用的红布。

否保留了这个权利,迄今为止是不是没有一个哲学家保留这一权利,是不是一个更值得重视的真相可能存在于每一个小小的问号里,你们把这一问号放在你们的座右铭和最钟爱的理论后面(有时候也放在自己的后面),犹如原告和法庭前所有那些神圣的表情和胜利!你们还是走到一边去吧!躲起来!戴上面具,变得高贵,让别人认不出来!或者多少让人有点害怕!我请你们不要忘了那个花园,带有金色栏杆的花园!你们周围要有人,这些人就像个花园,或像水面上的音乐,在夜晚时分,当白昼已经成为回忆。你们要选一种很好的孤独,自我的、勇敢的、轻松的孤独,这种孤独也会给你们权利,在某种意义上继续做好人!每一场不是用公开的武力进行的战争都会让人变得狠毒、狡猾,让人变坏!一种长期的恐惧,对敌人、对可能的敌人的长期观望会使自己有深切感受!这些被社会抛弃的人,这些长期遭受迫害、遭受追逐的人,以及被迫的独居者、斯宾诺莎们、乔达诺·布鲁诺们,最终,都会变成渴望报仇和制造毒药的人,不管是戴上最精神的面具,还是在自己并不知情的情况下(可以再一次挖掘伦理学和斯宾诺莎的神学基础)——更不用提那种道德愤怒的愚蠢,这一点也是哲学家不可缺少的标志,说明他已失去哲学幽默。哲学家的牺牲行为,他的"为真理的牺牲"必然暴露出他身上鼓动者和演员的影子。假设,迄今为止我们只是用一种艺术好奇心来观看他的话,某些哲学家的危险愿望是完全可以理解的，即也要看他的变质（变质为"牺牲者"，变成舞台上乱叫乱喊之人）。只是怀有这种愿望的人必须清楚，人们会看到什么？人们只会看到一场喜剧表演，仅仅是尾声的讽刺表演，仅仅是一种不间断的证明，证明那个很长的悲剧结束了，前提是，每种哲学在成长的过程中都是一个很长的悲剧。

26

每个被精选出来的人总是本能地渴望他的城堡和私密性，在那里他可以摆脱人群、很多人、大多数人，他可以忘记"人"的规则，作为人的例外。除了一种情况，即作为伟大和例外意义上的认识之人，他会被一种更强的本能推向"人"的规则。那些在与人的交往中，有时在经历各种苦难时，面对恶心、厌烦、同感、阴暗和孤寂，脸色不会发绿发灰的人，肯定不是具有更高品位的人。但假设，他并不是自愿地承担所有这些负担和痛苦，他总是避开它们，而且，如上面所说，安静和自豪地躲在他的城堡里，那么有一点是肯定的：不要让他成为认识者，他没有被注定要成为认识者。因为要是他成为认识者，他有一天必定会对自己说："让魔鬼把我的好品位拿走吧！但规则要比例外有意思得多，比我这个例外有意思得多！"他会朝下走，特别是朝里面走。对普通人的研究、长期严肃的研究，为了这个目的还需要有许多伪装、自我克服、信任及与不好的人的交往——任何交往都是不好的,除了与同自己一样的人交往——这是每个哲学家生命史的必要部分,也许是最不舒服、最难闻、最充满失望的部分。但如果他有幸,正如在认识的幸福之子身上会发生的那样,他也许会遇到那些使他减轻和缩短他任务的人。我是指那些所谓的玩世不恭者,也就是那些承认自己身上有动物性、低级性和有"规则",同时还有一定的精神性和欲望的人,能当着证人的面,谈论自己和与自己相同的人。他们甚至能在书本中翻滚,就像是在自己的粪便上翻滚一样。犬儒主义是唯一的形式,在这一形式中,低级的灵魂会接触到被称为是正直的东西,而更高级的人在遇到每个更粗糙和更高级的犬儒主义者时,如果在他面前,恰恰是那个肆无忌惮又不知羞耻开玩笑的人,或那头科学界半人半兽者高声大叫的话,他会竖起耳朵,并祝愿自己走运。甚至还出现过这样的情况,即除了这种令人恶心的状况,还有魔力加入,因为自然的造化会让这样一头鲁莽的山羊或猴子身上还附有天才,就像阿伯·加里安尼①。他是那个世纪最深奥、最尖锐,也许也是最肮脏之人,他比伏尔泰要深奥,当然也更为沉默。更常见的情况是,正如已经暗示的那样,一个科学的头脑放在一头猴子身上,一种高贵的例外—理性加在低级的灵魂上,这在医生和道德生理

---

① 十八世纪意大利经济学家。

学家中也非罕见。只要有人轻松地、几乎是无害地谈起人有两种需求的肚子和一种需求的脑袋的地方；只要有人总是只看到、寻找并想看到饥饿、性欲和功名的地方——似乎这才是人的行为的真正和唯一的欲望——简而言之，只要在把人说得"坏"，但谈不上很糟糕的地方，认识论的喜爱者就应该努力和敏感地去听，他应该把耳朵放在不带任何愤怒情绪讲话的地方。因为愤怒之人，以及那些使劲咬牙的人，把自己（或者把世界或者把上帝或者把社会）撕碎和撕裂的人，他们也许从道德上来看，要比那个笑着和非常满意的好色之徒站得高，但在每种别的意义上，他们更为普通、更无所谓、更无可救药。没有人比愤怒之人说谎说的更多。

27

人是很难被理解的：特别是如果人快速地进行思考和生活，却活在不一样思考和生活的人中间，即那些按乌龟方式走路的人中间，或在最好的情况下是按青蛙方式走路的人中间——我自己不就是想尽一切办法，使别人很难理解我吗？——但如果有人有好的意志，能使发自内心的解释增加一些高贵性的话，人是应该被人认识的。但涉及好朋友的话，可以说那些朋友总是太懒惰，而且作为朋友，他们以为自己也有权利懒惰地理解我。所以好的做法就是，从一开始就要给予他们误解和自由思索的空间,这样我们就还能笑,或者完全不要他们,不要这些好朋友,这样做也是为了能笑。

28

把一种语言翻译成另外一种语言的最难之处就是语言风格的节奏——这是造成种族性格的原因,从生理学来看,也就是其新陈代谢的平均速度。当然有自以为是诚实的翻译,但实际上几乎是伪造,是强迫原文一般化,原因仅仅是,无法翻出勇敢和快乐的节奏,这一节奏超越所有存于事物和语言中的危险,并帮助去掉危险。德国人在其语言中几乎没有急板的能力,也就是说,可以合理地得出结论:德国人无法表现自由思想、自由精神思想最轻松愉快和最大胆的细微差别。丑角和半人半兽的好色之徒对德国人来说,无论是肉体上还是良心上都很陌生,所以对德国人来说,阿里斯托芬①和佩特洛尼乌斯②是无法翻译的。所有威严的、不灵活的庄重笨拙的东西,漫长和无聊的风格种类在德国人那里可谓是无穷无尽。请你们原谅我指出下列事实:就是歌德的散文,因其僵硬性和装饰性的混合,也不例外。歌德的散文是"古老的好时代"的镜子,他的散文就属于那个时代;他的散文是德国品味的代表,当时,尚还存在一种"德国

---

① 古希腊喜剧作家。
② 古罗马讽刺作家。

品味",就是一种在风俗和艺术中可见的洛可可品味。莱辛是一个例外,这归功于他的理解力和擅长很多东西的演员本性。他不愧是拜尔①的译者,喜欢接近狄德罗和伏尔泰,更喜欢沉醉于罗马的喜剧作品。他在节奏方面喜欢自由精神,并要逃离德国。但德语,就以莱辛的作品来看,又如何能模仿马基雅维利风格呢?马基雅维利让读者呼吸到佛罗伦萨干燥的自由空气,他总用一种无法控制的快板速度讲述最严肃的事情,也许还带有一种不怀好意的艺术家感觉,即他敢于制造对立:思想冗长、沉重、厉害、危险,而节奏如奔马以及最好最勇敢的情绪。最终敢把佩特洛尼乌斯的文章翻译成德文的人,在发明、想法和语言上,会比迄今为止任何一个伟大的快板音乐家还要厉害。如果有人像他,有风的脚,有风的气息和呼吸;有风的那种让人释怀的讽刺,并能让所有的东西都健康——因为风让所有的东西都跑起来,这样的人就会知道在这个病态的、很糟糕的世界的所有沼泽地里到底有什么?至于谈到阿里斯多芬,那位能神化、能改造的精神,人们因为他甚至能原谅全部古希腊,前提当然是,人们非常深地领悟了什么东西需要原谅和神化——我真的不知道,什么东西能让我的梦超出柏拉图的私密性及他的斯芬克斯本性的范围,除了那个幸运的小小事实,即在柏拉图灵床的枕头下面找不到"圣经",

---

① 十八世纪法国哲学家和评论家。

找不到埃及的、毕达哥拉斯①的、柏拉图的书，只有阿里斯多芬的书。如果没有阿里斯多芬，柏拉图怎么能忍受生命，忍受一个他说"不"的希腊生命！

29

只有极少的人能做到独立，这是强者的优先权。而那些试图独立，并有极好的理由却并非一定要这样做的人则证明了：他们很可能不仅强大，还鲁莽得无以复加。他们进入一个迷宫，他们把生命本身具有的危险性提高了上千倍。其中并非最小的危险是：没有人看到他们是在什么地方犯了错，他们是如何孤独，如何被良心的一个山洞—半人怪物撕裂。假设，这样的人走向灭亡，这件事真的很难被人理解，以至于人们无法感受和产生同情。而这样的人无法回去！即使领受到他人的同情也无法再回去了。

30

我们最高的认识必须听起来像大胆的行为，也应该如此！在一定的情况下，最高认识听起来像罪行——如果这些认识以不被允许的方式，被那些生来不是听这些

---

① 古希腊数学家。

话的人听到。非秘传和秘传——正如人们区分哲学家那样——在印度人、波斯人和穆斯林那里，总而言之，就在那些只允许等级存在，而不是平等和平等权利存在的地方，它们之间的区别不仅仅是非秘传者站在外面，从外面而不是从里面看、估计、衡量和判断。更为本质的是，他是从下往上看事物，而那个秘传者是从上往下看！灵魂的高地是存在的，从那里看出去，即使悲剧也不会再引起悲伤。世界上所有的痛苦都变成一样东西：谁敢于决定，他的目光是否必然会诱导和强迫人们朝同情那里看，从而加倍痛苦呢？……那些可以作为更高一级人的食物并能提神的东西，肯定是完全不同和少见的东西，几乎是毒药。普通人的美德也许在哲学家身上就意味着是毛病和弱点。也许一个更高级的人，假设他变坏了，并走向末路，他为了获得一些品质，必须先陷入一个更低级的世界，在这样的世界，他有可能像圣人那样得到尊敬。有些书对灵魂和健康来说具有相反的价值，这根据更低级的灵魂、更低级的生命力或更高级的灵魂和更高级的生命力利用这些书的情况而定。前一种情况，那是危险的、会使人支离破碎的书籍。另一种情况是英雄的呼唤声，要求最勇敢之人去做勇敢的行为。平凡之人爱读的书总是散发臭味：小人的味道留在上面。众生吃喝之处，即使是受人尊敬之处，也总是臭的。如果想呼吸干净的空气，就不要上教堂。

31

人在年轻时表示尊敬和轻视时,并不懂细节艺术,而这一艺术是人生最好的收获,所以简单地用赞成还是反对来袭击人和事物,必定自食其果。一切的目的都是为了让所有品味中最坏的一种,也就是认死理的品味,被残酷地坚守和滥用,一直到人学会在自己的感受中加入一些艺术,并愿意用这一艺术进行试验,就像生活中真正的艺术家所做的那样。年轻人固有的愤怒和敬畏,在他们还没有完全把人和事物扭曲到可以朝其发泄以前,看起来不会平静下来。年轻本身就具有伪造和欺骗的特点。到后来,当年轻的灵魂由于种种失望而受苦,终于开始怀疑自己,但仍然强烈和疯狂,包括他们的怀疑和良心的伤痛。他们是如此愤怒,他们撕碎自己,他们要对自己长期的盲目进行报复,似乎他们是真正的盲人。在这个过渡时期,他们通过怀疑自己的感受惩罚自己。他们通过怀疑拷问自己的热情,是的,他们甚至觉得好良心也是一种危险,也是为了掩盖更高贵的正直的自我屏蔽和疲惫,特别是他们会采取立场,采取从根本上反对年轻的立场。十年以后,他们明白,这所有的一切也都是因为自己的年轻所致!

32

在人类历史最长的一段时间里，人们称其为史前时代，一个行为有无价值是由其后果决定的，不会去考虑行为本身和其出处。就像今天在中国，孩子受到表扬或做错了什么事情都要归结到父母身上一样。这就是成功或失败的反作用力，这一反作用力引导人们去判断一个行为是好还是坏。让我们把这个时期称为人类的前道德阶段，"认识你自己"的准则当时还不为人知。相反，在最近的一万年，人们在地球的大部分地区逐步前进，人们已经不再用行为的后果，而是用行为的出处来衡量其价值：一个作为整体的大事件，目光和衡量尺度的高度细腻化，贵族的价值，相信"起源"占统治地位，其产生的不自觉的效果、一个阶段的标记——可以从狭义的角度称这个阶段是道德阶段——，这些东西完成了认识自我的第一个尝试。用起源来代替后果：视角来了个多么大的逆转！肯定是经过长期斗争和摇摆后才获得的逆转！当然，可怕的新迷信、解释的特殊狭隘性也获得统治地位，那就是人们把一个行为的出处，从最确定的意义出发，解释为是来自意图。人们一致相信，一个行为的价值位于其意图的价值中。意图是作为一个行为的全部出处和最初历史：在这一偏见下，一直几乎到最近为止，人们在地球上对道德进行赞美、谴责、纠正和将其哲学化。但如果，鉴于人又一次的自我认识和深化，今天我们没有必要再一次证明价值的逆转和基本改变的话，那我们就不应该站在某个阶段的门槛上，那个阶段，从消极意义上来看，首先是被定义为道德之外的阶段。今天，至少在我们这些非道德之人中间，产生一种怀疑，即恰恰在一个行为的非意图中存在着这一行为的决定价值，而行为的所有意图性，被意图看到、知道、意识到的东西仅仅是属于表面和皮肤层的东西——正是这些东西，像皮肤那样，会暴露某些东西，但会隐藏更多的东西吗？简而言之，我们相信，意图只是一个符号和症状，首先需要得到解释，为此就需要一个符号，这一符号意味很多，但对自己来说几乎不意味什么。道德，迄今为止意义上的道德，也就是意图—道德，是一种偏见，是过早下结论，也许是暂时的，是可以和占星术和炼金术对等的东西，但不管怎么样，必须克服这种道德。克服道德，在某种意义上甚至是道德的自我克服：这也许就是对长期秘密工作的称谓，这一工作是灵魂活生生的试金石，一直到今天为最高贵、最正直，也最凶恶的良心所保留。

33

没有别的办法。人们必须对献身、为亲人牺牲的感受以及自我失望的道德进行无情的拷问，并让它们上法庭。同样上法庭的还有"无利益观"美学，正是在这种美学的指导下，艺术的去男性化今天正在试图创造出一种足够能诱惑人的良心。在"为他人""不为我"的感觉中存有太多的魔力和吸引力，以至于人们认为没有必要双倍地对此怀疑，并问道："也许，难道这不也是诱惑吗？"有诱惑的人喜欢这种诱惑，享受诱惑成果的人也喜欢，一旁观望的人也喜欢，但这不能成为同意诱惑的观点，而是要让人们小心。所以我们一定要小心！

34

不管今天人们站在哲学的哪个立场，从每个立场来看，恰恰是世界的错误性，我们以为自己生活在其中的世界的错误性最为可靠，也最牢固，这是我们的眼睛还能看到的东西：我们找到各种理由，这些理由能吸引我们对"事物本质"的一个具有欺骗性的原则进行猜想。但如果有人把我们的思考本身，也就是"精神"，视为世界虚假性的原因——这是一条光荣的出路，每一个自觉或不自觉的辩护律师走的路——，如果有人把这一世界，包括空间、时间、人、运动坚决地看作是错的，这样的人至少有很好的理由，终于可以学会怀疑所有的思考：难道思考迄今为止不是跟我们开了一个最胡闹的玩笑吗？有谁可以担保，这一思考不会继续，不会继续做自己做过的事呢？非常严肃地说：思考者的无辜具有某种令人感动和敬畏的成分,正是这一点,允许他们就是在今天也能站在意识前面,请求意识给予他们诚实的回答。比如,意识是否真的"真实",为什么外部世界坚决地要摆脱意识,以及其他类似的问题。对直接确定性的坚信不疑是一种道德上的幼稚,这种幼稚给我们这些哲学家争光,但我们不应该仅仅是道德之人!撇开道德不说,那种坚信不疑就是愚蠢,这种愚蠢无法给我们争光!就算在市民生活中,到处都存在的怀疑被看作是"坏性格"的标志,因而都属于不聪明之举。但在我们中间,在远离市民生活、远离其正确和错误的地方,什么东西可以阻止我们变得不聪明并宣布:哲学家恰恰有权利有"坏性格",哲学家是有史以来受到最多嘲笑的人。哲学家今天有责任提出怀疑,从怀疑的每一深处凶狠地用斜眼瞪着。请原谅我用阴沉的脸这一说法来开玩笑,因为我自己早已经学会对欺骗和被欺骗有另外的思考,学会了对此有另外的评价,并至少能教训一下盲目的愤怒,哲学家就是用这样的愤怒来反抗自己受骗。为什么不呢?真理比表象更有价值,这不再是一个道德偏见,这甚至是已经被证实的、世界上最坏的假设。人们承认了以下事实,即如果没有远景式的估计和表象为基础,就不可能存在生命。如果人们要以一些哲学家美德的冲动和愚蠢完全取消表象世界——好吧,前提是你们能这么做——,那么你们的真理也不会留下任何东西!是啊,是什么强迫我们去设想,存在一个本质上的正确和错误的对立呢?

接受表象的各个层次，同时也接受表面的更光亮和更黑暗的阴影和全部的色调，用画家的话来说，就是不同的光与阴影的色调，这么做还不够吗？为什么与我们有关的世界就不可能是一个虚构？如果有人问：虚构不是也需要一个创始者吗？对这样的人是不是可以直接回答：为什么？这或许不也属于虚构吗？难道面对主语，犹如面对谓语和宾语那样，不能带点讽刺吗？哲学家不是可以超越语法的可信性吗？我本人十分尊重家庭女教师，但现在是不是到时候了，哲学家应该放弃女教师式的信念？

35

哦，伏尔泰！哦，人道主义！哦，胡说八道！真理、寻找真理本身确实具有某种意义，人们与此同时还拼命鼓吹人性，我可以打赌，他们什么也找不到！

36

假设，只有我们充满欲望与热情的世界，而没有其他东西可以被称为是"有过"的现实；假设，我们只能对我们本能的现实，而不可能对其他的现实，进行上上下下的探讨——因为思考仅仅是这些本能相互之间的一种关系，那么是不是可以做一个尝试并提出以下问题，即这一"有过"是不是足够能让我们从其类似的东西出发,理解所谓的机械(物质)世界呢?我这里指的不是作为一种欺骗、表象和设想(在贝克莱和叔本华的意义上),而是作为有同样现实地位——我们的情感本身具有这一地位,作为情感世界的一种更原始的形式,在这一形式中,一切都还强大统一,然后在有机的过程中分裂和形成(也变得合理、娇柔和减弱),作为一种本能生活的形式。在这样的生活中,全部的有机功能同自我调整、同化、营养、分离、新陈代谢综合地结合在一起,作为生命的早期形式?最终,不仅可以允许进行这样的试验,而且方法的良心也要求这么做。如果没有对一种类型的因果性进行试验,并把这一试验推到极致(允许的话,甚至推到荒诞),就不能设想各种类型的因果性。这是方法的道德,今天人们已经无法摆脱这一方法,正如一个数学家会说,这来自其定义。最终的问题是:我们是否确实承认意志是有效的,我们是否相信意志的因果性。如果我们相信——基本上相信这点就是相信因果性本身,我们就必须进行试验,把意志因果性假定为唯一的因果性。意志当然只能对意志有效,而不是对"材料"(例如不能对神经)。够了,我们必须敢于提出假设:是否所有承认"效果"的地方,都是意志对意志产生作用;是否所有的机械行为,也就是有一种力量起作用的行为,就是意志的力量、意志的效果。终于可以假设一下,如果能成功地把我们全部的本能生活解释为是意志的一个基本形式的全部和分支——正如我所说的,是强力意志

——，假设，人们可以把所有有机功能归结到这个强力意志上，并在这个意志上找到制造生命和保存生命问题的答案——这是一个问题——，那么，人们就有权利，完全可以把所有起作用的力量看作是强力意志。从内部看世界，从世界的"可领会的性格"出发来定义世界，世界就是"强力意志"，而不是别的什么。

37

"什么？用通俗的话来说，不就是：上帝被驳倒了，但魔鬼没有？"相反！相反，我的朋友们！再说，真见鬼，谁强迫你们要用通俗的话来表达呢！

38

在更新的时代光芒照耀下，来看法国大革命究竟发生了什么，那是一个可怕的、从近处来看是多余的闹剧。但全欧洲高贵的和狂热的观众，却从远处如此长久地、热情地把自己的愤怒和激动都加入并解释到这场闹剧中，一直到本来的内容都消解在解释中。这样一来，高贵的后世很可能又一次误解过去，也许因此还能忍受过去的样子。更有甚者会说：这一切不是已经发生了吗？我们自己不就是这高贵的后世吗？在我们认识的这一刻，这一切不都已经过去了吗？

39

没有人会轻易地把一个学说看作是真的，仅仅因为这个学说能使人幸福或有美德，也许除了那些可爱的唯心主义者，他们吹捧真、善、美，并让五花八门愚蠢和好心的愿望在他们的池子里乱游。幸福和美德不是什么理由，但人们善于忘记，就是站在深思熟虑的鬼神角度，使人不幸和变得凶恶同样也不能作为反对的理由。有些东西可能是对的，但是否这些东西有可能是最危险和最有害呢？有人因为完全的认识而毁灭，是的，这很可能属于生存的基本组成部分——以至于衡量一个精神强度的标准就是，这一精神能承受多少真理，更清楚的说法就是，在何等程度上，它能把真理淡化、掩盖、美化、迟钝化和造假。但不容怀疑的是，为了发现真理的某些部分，凶恶之人和不幸之人更为有效，可能会获得更大的成功，更不用说那些幸福的凶恶之人了，这类特殊的人为道德主义者所不齿。也许，坚韧和计谋是产生强大和独立精神哲学家更为有利的条件，远胜于温柔、高贵、善于让步的好心和容易接受的艺术，而这些标准则是人们称赞一个学者的标准，也是被允许称赞的标准。前提是，人们不能把哲学概念狭隘地等同为写书的哲学家，或甚至把他的哲学写进书里！司汤达为自由精神哲学家的形成做出了最后一个贡献，而我为了维护德国的品味不得不强调这一贡献：因为这一贡献违背德国品味。这个最后的伟大心理学家说道："好的哲学家必须冷静、清楚和不抱幻想。一个获得财富的银行家必然拥有一部分获得哲学认识所需的能力，即有必要知道什么是真相。"

40

凡是深奥的东西都爱面具，最深奥的东西甚至对画面和比喻都怀有一种憎恨。难道对立不真是真正的伪装，以掩盖一个神的羞耻心吗？一个令人生疑的问题：如果从来没有一个神秘学者敢在自己身上这么做的话，那可就太奇怪了。确实有温柔的过程，以至于人们非常乐意通过粗暴来把这些过程淹没，好让他人认不出来；也有爱和一种毫无节制的宽容行为，在这些行为背后，最好的建议是拿起一根棍子，痛打目击者，这样就可以模糊这个人的记忆。有些人善于模糊和滥用自己的记忆，为的是至少能在自己这唯一的知情者身上进行报复——羞耻心擅于发明。使人们最感羞耻的不是最糟糕的事情。在一个面具后面不仅仅是奸诈，在计谋中还含有许多善意。我可以设想，一个想隐藏一些贵重东西和脆弱的东西的人，生活中会变得很粗暴，会像一个包上铁皮、旧的、绿颜色的葡萄酒桶一样，在生活中滚来滚去，是他的羞耻心让他这么做。一个有深度羞耻心的人，在只有很少的人能到达的道路上，会遇到他的命运和温柔的决定，而他最亲近和最信赖的人也不能知道这些东西的存在。他们的眼睛看不到他的生命危险，他们也看不到他重新获得的生命安全。这样一个隐藏自己的人，这个人出于本能，需要沉默和隐瞒。他要不停地逃避说出真相，但他会并努力地让他的面具漫游在他朋友们的内心和头脑。假设，他不愿意这么做，有一天他会发现，尽管如此，在朋友的内心和头脑中仍然有他的面具，这样也很好。每个深奥的精神需要一个面具，更有甚者，围绕每种深奥的精神会不断地有一个面具生长，这得归功于对每个字、每一步和每一个生命符号的错误解释，也就是做出平庸的解释。

41

人们必须在自己身上做试验，因为人注定是要独立和下命令的，并且要及时地做出试验。人们不应该逃避自己的试验，即使这也许是人所能玩的最危险的游戏，最终，这样的试验只是在我们面前，而不是在法官面前作为证人。不要依附于他人，即使这个人是你最爱之人——每个人都是一所监狱，也是隐匿之处。不要依附祖国，即使这个祖国最痛苦，也最需要帮助——，更容易做到的是要让自己的心脱离一个胜利的祖国。不要依附同情心，这特别针对更高级的人，只有偶然的情况才会让我们看到他们受到的特殊折磨和他们的无助。不要依附于一门科学,即使这门科学以其最珍贵、看起来恰恰是为我们储存的宝藏来吸引我们。不要依附于自己的解脱,不要依附于鸟儿充满快感、向往远处和陌生之地的欲望,鸟儿为了看得更多,会越飞越高——这是飞者的危险。不要依附于我们自己的美德,不要因为我们身上的某一点而使自己的全部成为牺牲品,例如我们的"好客",这是那些高贵和丰富的灵魂危险中的危险,这些灵魂与自己打交道时非常浪费,几乎是无所谓,并会让宽容的美德变成恶习。人们必须知道要保存好自己,这是获得独立的最强大的试验。

42

一种新类型的哲学家正在出现,我斗胆用一个并非毫无危险的名字来给他们命名。正如我猜中他们的心思,或者是他们要让人猜中——因为使自己成为一个谜,也是他们的特点之一——这些未来哲学家希望有一种权利或者一种错误的权利,那就是被称为试验者。这一名字最终也仅仅只是一种尝试,如果愿意的话,也可以被称为是一种诱惑。

43

这些正在出现的哲学家是"真理"的新朋友吗?很

可能是的,因为迄今为止所有的哲学家都热爱他们的真理。但肯定的一点是,这些新哲学家不会是教条主义者。如果他们的真理甚至是每一个人的真理的话,这一定会违背他们的骄傲,同时也违背他们的品位。而迄今为止所有教条主义者的秘密愿望和更深的追求就是他们的真理要成为每一个人的真理。也许一个未来哲学家会说:"我的判断就是我的判断,另外一个人很难提出对此的权利。"我们必须丢掉身上那种要与许多人一致的坏品位。如果好字也出现在邻居口中,"好"就不再是好。更不用说存在一个"共同之好"了!这一字眼本身就是自相矛盾,共同的东西总是少有价值。最终,过去和现在都必须是:伟大的事物为伟大之人存在,深渊是深奥之人的去处,温柔和颤抖为高贵之人所有。总而言之,所有稀有之物为稀有之人所有。

44

在说了这么多话以后,还需不需要再说一句:这些未来哲学家也会成为自由、非常自由的精神!可以肯定的是,他们不会仅仅成为自由精神,而是更多、更高、更伟大和更彻底的不一样、不容被搞错和被混淆的东西。但我说这些话的时候,我同时几乎有一种反对他们的感受,同样也是反对我们,反对我们这些本是他们的英雄和先驱者,反对我们这些自由精神!我们有责任,同他们一起，除掉我们身上那种古老的偏见和误解，这些东西像一层雾霾长久地笼罩了"自由精神"，让它无法被看清。在欧洲所有的国家，同样在美国，有这样的人，他们滥用这一"自由精神"，这是一类非常狭隘、被铁链拷住的精神大师，这些人追求的东西恰恰与我们的目标和本能相反，更不用说，他们面对那些新出现的哲学家会紧闭大门和窗户。简而言之，这些人低于一般的水平，这些被错误地称为自由精神之人，他们是民主主义品位善于言辞和书写的奴隶，他们也是"现代思想"的奴隶；所有这些人没有孤独感，没有自己的孤独感，是些愚蠢的乖男孩，这些人谈不上有勇气，身上也没有值得让人尊敬的品行，他们仅仅是非自由，并露出表面的笑容，特别是他们的基本倾向，即在迄今为止的旧社会形式中，他们大约能看到人类困苦和失败的原因：这样他们就幸运地颠倒了真理！他们用尽全力追求的东西就是普通的羊群——绿草地上的幸福，以及每个人生活的安全、无危险、舒适和轻松；他们最常唱的歌和教诲就是"权利平等"和"对所有痛苦的共鸣"，痛苦本身被他们看作是可以废除的东西。而我们这些完全相反的人，我们看到和关心下列问题，即迄今为止"人"这一植物在什么地方和怎么样才能长得最壮。我们想象，这种东西总是在相反的条件下发生，为此就必须加剧处境的危险性。人的发明和伪装力（他的"精神"）必须是在长期的压力和强迫下变得细腻和勇敢，人的生命意志必须提升到绝对的强力意志。我们可以想象：艰辛、暴力、奴役，巷子里以及内心深处的危险，每种类型的隐藏、恬淡寡欲，试验者艺术和人身上的可怖，人身上所有恶、恐怖、奴役，动物的凶猛和狡猾，这些东西都要比相反的东西更可以提高"人"这种种类。我们没有说够，如果我们只说这些，不管怎么样，我们的话语和沉默处于这个位置，处于所有现代意识形态和羊群意愿的另一头，也许是作为对立面？我们这些"自由精神"恰恰不是最善交谈的精神，这难道不奇怪吗？我们不是想通过每一个角度去猜，精神如何可以使自己自由以及或许会被推入何方，是不是很奇怪？那么"善与恶的彼岸"这个危险的公式究竟有什么内容呢，正是这一公式至少使我们不至于被人搞错。我们不同于"自由沉思者""自由补偿者"和"自由思考者"，也不是"现代思想"这些乖巧的拥护者喜欢称谓自己的那些人。我们熟悉精神的许多国度，至少是在这些国度里做过客，我们不断地逃避那些散发出霉味的舒服角落——偏爱、偏恶、年轻、出身，人和书的偶然性或甚至是漫游的劳累，看上去都会让我们进入那些角落——，我们憎恨那些会诱惑我们失去独立的手段，这些手段隐藏在荣誉或金钱或高位或对五官的刺激中；我们面对苦难和各种疾病甚至要表示感谢，因为这些东西让我们摆脱一种规定和其"偏见"，我们感谢上帝、魔鬼、我们内心的绵羊和蠕虫，过于好奇到成为一种负担，我们是变得残酷的研究者，用毫无顾虑的手指指向所有没有掌握的东西，用牙齿和胃对付所有最不能消化的东西，准备做每一件需要敏感和尖锐五官的工作，准备好做每次冒险，感激有非常多的"自由意志"，拥有前灵魂和后灵魂——没有人能很容易地看到这些灵魂的最后意图——拥有没有脚能走完的前景和背景。我们是隐藏在灯光外衣下的人，征服者，不知是否像继承人和浪费之人那样能看到同样的东西。我们是从早到晚的整理者和收集者，是拥有自己的财富和装满书的抽屉的吝啬鬼，我们能很好地管理学习和遗忘，在图表方面也很有创造力，有时为那些范畴表而感到自豪，有时很死板，有时是大白天还在工作的猫头鹰。是的，如果有必要的话，我们甚至都会成为稻草人——今天仍然这样，因为在这个意义上，我们是孤独的、天生的、发过誓言和充满嫉妒的朋友，那种孤独是我们最深的孤独，午夜和正午的孤独。我们就是这样一种类型的人，我们这些自由精神者！也许你们后来之人也有这样的东西？你们是新的哲学家？

第三章 宗教的本质

45

人的灵魂及其界限，迄今为止已经达到的人的内心经验的范畴，这些经验的高度、深度和远度，灵魂迄今为止的历史以及还没有用尽的可能性，所有这些东西对一个天生的心理学家和"大狩猎"的朋友来说是命定的狩猎范围。但他肯定多次绝望地对自己说："一个人，只有我一个人！而森林和原始森林是如此之大！"所以，他希望有几百个狩猎助手和受过训练的灵敏猎犬，这样他就能把这些猎手和猎犬赶入人的灵魂历史，为的是能在那里把他的猎物聚集在一起。但这么做没有用：他要不断试验，彻底且无情，就如他对所有东西都很厉害一样，这些会刺激他的好奇心，并帮他找到助手和猎犬。要把学者送到新的和危险的狩猎范围，那里需要各种意义上的勇气、智慧和细腻，但不利之处在于，凡是大狩猎开始的时候，也就是大危险开始的地方，这些学者就已经没有用了。恰恰在那种时候，这些学者失去了灵敏的目光和嗅觉。比如，为了猜出并确定，在宗教的灵魂里，知识和良心的问题迄今为止拥有过什么样的历史，为此，也许需要一个非常深入、非常受伤、非常强大的人，就像帕斯卡尔①的智慧良心，然后还需要被光明和恶意的精神性支撑起来的天空，这一天空自上而下一览那些危险和痛苦的经历，进行归纳，并强迫它们变成公式。但谁会为我这么做！谁有时间等待这样的仆人！很明显这样的人很少，在任何时候都很稀有！最终，人必须自己动手，以便获得对自己的一些了解。这就是说，我们有很多事情要做！但我这种类型的好奇心是所有缺点中最令人舒服的，请原谅！我是想说，对真理之爱的报酬在天上，也已经在地上。

46

信仰，最早的基督教所要求的信仰，不乏实现的信仰，而且是在一个具有怀疑心和南部自由精神的世界里——这一世界已经经历并包含了哲学派别长达几百年的斗争，再加上宽容的教育，也就是罗马帝国给予的教育——这一信仰不是那种忠诚、野蛮的臣民—信仰，如路德②或克伦威尔③或一个北方的精神野蛮加在他们的上帝

---

① 十七世纪法国著名哲学家。
② 德国宗教改革家。
③ 英国革命家、清教徒政治家。

和他们的基督教上的信仰，更多的是帕斯卡尔的信仰，帕斯卡尔以一种可怕的方式，如同理性的持久自杀那样看待事物，那是一种具有韧性、长寿，像寄生虫一样的理性，不可能一拍就被拍死。基督教的信仰从一开始就是牺牲：牺牲精神的所有自由、所有骄傲、所有自我确认，同时又被奴役、自我嘲弄和自残。把这一信仰中的残忍和宗教腓尼基主义，强加到疲惫、多重和被惯坏的良心上：这一信仰的前提是，被奴役的精神所产生的痛苦无法描述，这样一个精神的全部过去和习惯都是为了抵御荒诞性，而信仰就以荒诞的面目面对这一精神。现代人减弱所有基督教的准则，不再对可怕和最高级的东西抱有同感，而这种东西对古希腊时期的品味来说，就存在于"十字架上的耶稣"这一公式的悖论中。相反，迄今为止，任何时候、任何地方在反转时，都没有出现过像这么大胆、这么可怕的公式，出现过那样的疑问和值得疑问的东西。这一公式就是要对古希腊的价值进行颠覆——是东方，很深的东方，是东方的奴隶以这一方式对罗马，对其既高贵又轻率的宽容，对罗马的"天主教"信仰进行报复。从来就不是信仰，而是信仰的自由，也就是围绕严肃信仰的那种无忧无虑，半廊下派和充满微笑的无忧无虑，使奴隶们憎恨和反对他们的主子。"启蒙"在发怒，因为奴隶需要绝对的东西，他只理解暴君式的东西，就是在道德中也一样。他的爱犹如他的恨，没有程度的差别，这是一种进入深处、痛苦和一直到得病的感受，奴隶许多隐藏的痛苦奋起反抗高贵的品位，而这一品位看起来是要否认痛苦。对痛苦的怀疑——从根本上来说只是贵族道德的一个姿态——很有可能也是最后一次伟大奴隶起义的原因之一，这一起义以法国大革命开始。

47

迄今为止，只要出现宗教神经症患者，我们就会发现他们身上有三个危险的限制规定：孤独、节食和性节制，但无法确定其原因是什么，其效果是什么，是否存在着因果关系。最终，值得怀疑的是，无论是野蛮民族还是开化民族，最突然、最毫无节制的纵欲恰恰也是其定期的症状，然后，又突然转换成忏悔狂和对世界和意志的否认。也许可以把两者都解释为是戴面具的癫痫？但在任何地方人们都不应再放弃解释了，因为迄今为止，从没有这么多的胡扯和迷信出现在这种类型的人周围。迄今为止没有人看起来对这种类型的人感过兴趣，就是哲学家也没有——到时候了，恰恰在这里要冷漠一点，学会小心，最好是不看，走开。只是在最近出现的那种哲学背景上，也就是叔本华的哲学，出现了宗教危机和苏醒的可怕问号，并作为问题本身。怎么会出现否认意志的问题呢？怎么会出现圣人呢？这些看起来确实成为问题，这一问题让叔本华开始成为哲学家。一个真正的叔本华式的结果是：他的最信服的追随者（也许也是德国的最后一个）理查德·瓦格纳在这一问题上完成了自己的生命大作，还把那个可怕的和永恒的孔德里①呈现在舞台上，这人物与他本人一模一样；同时，欧洲几乎所有国家的精神病大夫都认为这是能从近处观察他的好机会。有宗教神经症患者的地方，或在我称作具有"宗教本质"的人作为救世军最后一次癫痫发作的地方，人们会问，圣人现象的什么东西让各种人和各个时代的人以及哲学家如此感兴趣呢？毫无疑问是圣人身上附有的奇迹现象，也就是对立一个接一个出现，灵魂不同的道德状况一个接一个出现。人们认为很容易就会看到，一个坏人马上变成了一个"圣人"、一个好人。迄今为止的心理学在这一点上完全失败，其主要原因是不是：这一心理学把自己置于道德的控制下，因为这一心理学相信道德价值对立，并把这样的对立写进文本和事实，并进行解释呢？说什么呢？难道"奇迹"只是解释的一个错误？是因为古语文学的知识不够？

48

看起来天主教更符合拉丁族人的内心，远胜过基督教与我们这些北国之人的关系，所以与新教国家相比，

---

① 瓦格纳歌剧《帕西瓦尔》中的人物。

在天主教国家，不信教意味着完全不同的东西，被解释为是对种族精神的某种愤怒，而不信教在我们这里更多的是回归种族精神（或非精神）。我们这些北国之人毫无疑问产生于野蛮种族，我们在宗教的才能方面亦是如此，我们没有宗教能力，凯尔特人除外，所以他们在北方提供了接受基督教的最好土壤。在法国，只要在北方并不强烈的阳光允许的范围，基督教的理想能够光大。甚至法国那些最后的怀疑者，只要他们稍有一点凯尔特人的血脉，对我们的品位来说，他们也表现了奇怪的虔诚。而奥古斯特·孔德的社会学以及本能的罗马逻辑对我们来说是如此地天主教，是如此地非德意志！那个可爱和聪明的波尔罗亚尔修道院的西塞罗，即圣伯夫[①]，是如此耶稣会，尽管他对耶稣会怀有敌意。还有恩斯特·勒南[②]，他的语言对我们这些北国人来说是如此地难以入耳，毫不起眼的宗教冲突，随时随地都会使他的更高贵意义上的好色及舒适地为自己祈祷的灵魂失去平衡！有人曾引用过他下面优美的句子："可以大胆地说，宗教是正常人的产物，人在最虔诚、对无限的命运最有把握时，处于最真实的状态……人在最善良的时候，希望美德与永恒的秩序一致。正是人在不偏不倚地思考事物时，更会觉得死亡令人厌恶并荒诞。"听到这样的话，我们这些不怎么美却更倔强的灵魂，也就是德国灵魂，怎么会不

---

① 法国文学史家，作家。
② 十九世纪法国宗教学者，作家。

用恶毒和傲慢来进行回答呢！这些句子对我们的耳朵和习惯来说是如此敌对，以至于我马上写下了我的第一句愤怒之语："完全是宗教的混账话！"而当我写到最后一句话时，甚至喜欢上了这些颠倒真理的句子！听到与自己对立的看法是多么惬意和了不起。

49

古希腊人的宗教性之所以让我们吃惊，是因为这一宗教性所产生的无止境的感恩之情。这是一类非常高贵之人，他们就是这样站在大自然和生命面前！后来，当平民成为希腊主要力量之后，宗教中的恐惧情绪也开始泛滥，基督教为此做好了准备。

50

对上帝的热情：有农民式的、忠诚的和咄咄逼人的类型，如路德的教徒，整个新教都缺少南方的腐败性。在新教中，有某种东方式的情绪失控，就如在一个不应被宽恕或一个高级奴隶身上所看到的那样，比如，奥古斯丁就是以一种侮辱人的方式，缺少态度和欲念的所有高贵性。妇女式的温柔和肉欲就是无耻无知地追求一种身体的神秘性，就像盖斯夫人①那样。在很多情况下，这位夫人看起来令人吃惊地像是一个姑娘或小伙子的贞操化身，时不时地变成老女人歇斯底里的发作，成为其最后的野心——教会已经多次宣布她为圣人。

51

迄今为止，最有权势的人依然还在圣人面前谦卑地鞠躬，因为圣人自我克制并且有目的地放弃自我之谜。为什么他们要鞠躬？他们感觉到在圣人身上，同时也在圣人单薄形象所发出的问号后面，具有超过他们自己的力量，这种力量要通过克制得到考验；那是意志的力量，他们在这种力量中重新认识到自己的强大和统治的乐趣，并对此加以崇拜。当他们尊敬圣人的时候，他们是在尊敬自己身上的某种东西。此外，看到圣人会使他们产生怀疑，他们自己对自己说并自问道："如此巨大地否定自己和违背天性会不会是徒劳？也许有一个解释这一问题的原因，也许有一种巨大的危险，禁欲者想通过这一危险秘密的赞同者和访问者，来更好地了解这一危险？"够了，世界上的强势者在禁欲者那里学会了一种新的恐惧，他们预感到一种新的力量，一个陌生的，还没有被征服的敌人。是"强力意志"让他们站在圣人面前。他们必

---

① 十七和十八世纪之交的法国神秘主义者。

须向圣人发问。

52

在犹太人的"旧约"里，就是关于神的正义性一书里，出现了大量的人、事物和言论，以至于古希腊和印度的著作无法与之相比。人们面对这些巨大的遗迹，也就是古人的过去，感到了恐惧和敬畏，并会对古老的亚洲和被其推移的半岛欧洲满怀忧思，这一欧洲很想面对亚洲，把自己称为是"人类的进步"。当然，那些自己只是瘦小、驯服的家养动物，并只知道家畜需求的人（就像我们今天有学问的人，还有那些有"学问"的基督徒们），这些人在那些废墟下既不会感到惊喜，也不会感到悲伤。旧约的品味是检验"大"和"小"的试金石：也许这些人是根据自己的内心来找到新约，找到那本充满怜悯的书（这个人内心还有许多温柔的、糊涂的宗教迷的东西和小灵魂气息）。从哪个角度来看都是洛可可品味的新约，同旧约合成一本书，成为"圣经"，成为"自在之书"——这也许是最大的鲁莽和"反精神的罪孽"，是欧洲文学良心的罪孽。

53

为什么今天有无神论？上帝身上的"父亲"形象被

彻底反驳；同样被反驳的是作为"法官"和"给予酬报之人"的上帝。同样还有他的"自由意志"：他听不到，如果他听得到，也无法给予帮助。最糟的情况是，他看上去无法清楚地表达自己，是他说不清？这就是我发现今天欧洲有神论消亡的原因，我是通过许多谈话、询问以及仔细聆听后得出的结论。在我看来，尽管宗教本能正在迅速增长，但这种本能以很深的怀疑恰恰拒绝有神论带来的满足。

54

更新的哲学究竟在做什么呢？自笛卡尔以来——尽管反对他的理由更多的是出于逆反，而不是因为他的过去——所有的哲学家都以对主体和客体概念进行批评的面貌，对古老的灵魂概念发动了暗杀，也就是说，对基督教理论的基本先决条件发动暗杀。更新的哲学作为一种认识论的怀疑，隐蔽或公开地反对基督教。尽管对那些更敏感的耳朵来说，这不是反宗教。因为过去人们相信"灵魂"，就如相信语法和语法中的主语。人们说，"我"是条件，"思考"是谓语，是被条件束缚的。思考是一个行为，一个主体就它而言必须作为原因。现在人们试着用一种值得赞叹的韧劲和计谋，来看一下是否能从这个网中跳出来，也许反面才是正确的："思考"是条件，"我"被条件束缚；也就是说"我"首先是一个综合体，是通过思考产生的。康德从根本上是要证明，从主体出发，主体是无法证明的，客体亦如此。主体的表象—存在可能性——这一主体就是"灵魂"——也许对主体来说并非永远陌生，这种想法，作为吠檀多哲学，在地球上曾有极大的威力。

55

宗教的残酷就像一把大梯子，上面有许多分叉，但其中三个最为重要。从前，人们把人祭献给上帝，也许恰恰是自己最喜爱的人，比如所有的史前宗教都把第一个孩子祭献出来，比如卡普里岛的提比略皇帝在密特拉山洞的献祭，这是所有罗马时代最为可怕的献祭。然后，在人类的道德年代，人们向上帝献祭自己拥有的最强本能、他的"本性"。这一节日般的欢乐在苦行僧残酷的目光里，在最热衷"反自然"者的眼里闪闪发光。终于，还剩下什么东西可以献祭呢？难道我们不是应该牺牲所有安慰、所有神圣、所有治愈、所有希望，所有对隐藏的和谐、未来的愉悦和正义的信仰吗？难道不应该也牺牲上帝，以及出于对自己的残忍，祈祷石头、愚蠢、笨重、命运和虚无吗？为了一无是处的上帝牺牲——这一最后残暴的充满悖论的神秘主义留给了现在正在成长的一代，我们所有的人对此都已有所了解。

56

那些同我一样以神秘的欲望长时期努力思考悲观主义的深度,并希望从呈现了百年的半基督教、半德国的狭隘和单调中解脱出来的人——这种狭隘和单调以叔本华的哲学形式出现,那些确实想用亚洲和超亚洲的目光朝所有思考方式中最否认世界的方式望去和往下看的人——位于善与恶的彼岸,不再像菩萨和叔本华那样处于道德的禁令和控制中——这样的人也许在他并不想这么做的情况下,对不一样的理想睁开了双眼,为了最勇敢、最活跃和最肯定世界的人的理想。这样的人不仅对过去和现在发生的一切表示接受和学会忍受,而且要重新获得过去和现在的东西,面朝永恒,不停地喊再来一次,不仅是对自己,是对全部,对全部的表演和演出,不仅是对演出,基本上是对那个恰恰需要这一演出的人,以及使演出变得必要的人,因为这样的人总是不断地需要自己,并使自己变得必要。什么?这难道不是循环之人吗?

57

人以他的精神目光和洞见,会使周围生长出远方和空间。他的世界会越来越深,他会看到新的星辰,他会看到越来越多的谜和画面。也许所有的一切——精神的眼睛已经在这所有的一切上练习了它的尖锐和深度，仅仅只是做练习的一个借口，是游戏，是为儿童和儿童的脑子所做。也许以往最庄重的概念——为了这些概念进行了最多的斗争，受到的苦也最多——也就是"上帝"和"罪孽"的概念对我们的重要性，不会胜过一个儿童玩具和孩子的痛苦对老人的重要性。也许"老人"现在又重新需要另一个玩具和另一种痛苦，永远要有足够的童心，要做永恒的孩子！

58

也许人们注意到了，外在的懒散或半懒散在何种程度上能使人们实现自己的宗教生活（一方面是人喜欢做自我的微观审视，同时又能获取那种温柔的从容，这种从容把自己称为"祈祷"，并为"上帝降临"做好永远的准备），我指的懒散是心安理得的懒散。自古以来，贵族出于自己的血统，对此不会完全陌生，他们知道工作有害，工作会把灵魂和身体变得低下？所以，现代的、闹哄哄的、消耗时间的、会让自己感到骄傲的、又愚蠢又骄傲的勤劳，是不是要比别的东西更会教育人们变得"无信仰"，并让人们对此做好准备呢？目前在德国远离宗教的人中间，我找到了许多类型和来自"自由思想"背景的人，特别是很多人的勤劳一代又一代地销蚀了他们的宗教本能，以至于他们不再知道宗教的用处，而只是以一种迟钝的惊奇记录宗教在世界的存在。这些老实人的生活已经完全被填满，不论是被他们的生意、被他们的娱乐，更不用说被祖国、报纸和家庭的责任。看起来，他们完全没有留给宗教时间，再加上他们又不清楚，宗教是否同新的生意和娱乐有关。他们对自己说，进教堂仅仅是为了破坏好心情就太不值得了。他们并不是宗教习俗的敌人。如果在一些情况下，比如国家要求他们遵守习俗，他们也会按要求去做，就如生活中所有的事那样，以一种耐心和不张扬的严肃，没有很多好奇心和不适的感觉。他们远离宗教生活太久了，以至于觉得没有必要再对此类事情表示反对还是赞成。今天德国很大一部分中产阶级的新教徒属于这类漠不关心之人，特别是那些在大的贸易和交通中心工作的勤奋之人，同样还有许多勤奋的学者和整个大学的员工（除了神学家，这些人的存在和存在的可能性甚至对于心理学家来说都是更高级的谜）。人们很少从虔诚的人或只是教会之人的角度出发去想象，需要多少好意志，甚至可以说，需要多少自行做主的意志，才能使一个德国学者严肃地对待宗教问题。从学者的全部手艺来看（正如上面所说，是从手艺的勤劳度来看，他的现代良心让他必须勤劳），他倾向于面对宗教要有一种更具优势，几乎是善意的活泼态度，这种态度还包含稍许的轻视，这种轻视是针对精神的"不洁"。只要人还承认教堂，他就会假定有这种"不洁"。直到在历史的帮助下（不是出于个人经验），学者才成功地以充满敬畏之心的严肃和羞答答的顾虑面对宗教。但即使他甚至把他的感受提高为对宗教的感激，他本人也不会更接近于教堂和虔诚，也许恰恰相反。面对宗教事务非常实用的无所谓态度——他的出生和教育都会让他这样，在他身上就会习惯地升华为一种谨慎和纯洁性，从而让他非常害怕接触宗教之人和事物。也许恰恰是他的宽容和人性的深度，能让他避开那种高级的紧急状态，也就是宽容带来的紧急状态。每个时代都有其自己的神性幼稚性，其他时代都会因这样的发明产生嫉妒。在学者这种优越感信仰中，在他的宽容的良心中，在他的毫无设防之心及简单的安全感中——他的本能以这种安全感把有宗教信仰的人看作是一个低端和低价值的人，而他自己已经出去，走开，往上，超越了这样的人——隐藏了多少幼稚性，多少值得尊敬、充满孩子气和无限愚蠢的幼稚性！他，这个傲慢的矮人和平民，是思想，是"现代思想"勤奋和敏捷的脑力和体力劳动者！

59

那些看透世界的人，也许会猜到，在人是如此肤浅这一观点中，隐藏着什么样的智慧。人类保存自己的本能教会他们要简单、轻浮和虚假。人们在任何地方都会找到对纯粹公式的热情和过分的敬仰，无论是在哲学家还是在艺术家身上。但愿没有人会怀疑，那些需要肤浅文化的人，都曾经有过失败的错误。也许在这些被惊吓的孩子、天生的艺术家中间——这些艺术家只有在伪造自己的形象时，才能享受生活（就像是对生活的长期报复）——也存在着地位等级。我们可以根据他们对生活难以承受的程度来确认他们的等级，也就是他们希望看到生活被伪造、减弱、彼岸化和神化的程度。我们可以把宗教之人也算作艺术家，而且是作为最高等级的艺术家。人在悲观主义面前，抱有无法治愈的深深恐惧，这种长达几千年的悲观主义，强迫人们咬紧牙关对生存进行宗教的解释。这是本能的恐惧，这种本能估计到，人们很可能会过早地看到真相，即在人们还没有足够强大、足够坚强、足够成为艺术家之前……虔诚，与上帝一起生活，用这样的目光来观察，这一虔诚看起来就像是恐惧真理所产生的最高贵和最后的怪物，是艺术家面对所有伪造后果时表现的崇拜和醉态，是要扭转真相的意志，是要不惜一切代价达到非真相的意志。也许，除了虔诚，迄今为止还没有其他更强的手段来美化人。通过虔诚，人可以成为艺术、表面化、色彩游戏、善良，以至于人们看到自己时，不至于感到痛苦。

60

为了上帝的意愿去爱人，这是迄今为止人与人之间所达到的最高贵和最遥不可及的感受。不带着一种神圣的目的去爱人，甚于愚蠢和动物性，这种爱他人的倾向只有从一个更高的倾向出发，才能得到尺度、自由以及一点盐、一丝香——，不管是谁最先感受和"体验"到这一点，不管他的舌头在试着表达温柔时会多么费劲，这样的人对我们来说，在所有的年代，都要比那个飞得最高也最能迷路的人，更神圣和更值得被尊敬！

61

我们这些自由精神所理解的哲学家，是具有最大责任性的人，他们对人的全部发展拥有良心，这些哲学家将利用宗教完成他自己的驯养和教育工作，如同他们对待政治和经济一样。挑选和驯养产生的影响，也就是既进行破坏又进行创作和构造的影响，通过宗教可以实现的影响，这些影响都会根据那些受保护和被控制的人的类型，显示多样性和不同。强大独立之人，那些准备发布命令并注定要发布命令的人，他们身上存在一种统治种族的理性和艺术，对这样的人来说，宗教更多地是一个克服阻碍的手段，是为了能统治，是把统治者和臣民连接在一起的纽带。后者的良心、后者最隐蔽和最内心深处的东西，是不愿服从，是要出卖前者，并要让前者负责。如果个别出身高贵的人因为自己很高的精神性，倾向于选择一种更隐蔽和更沉思的生活，并只保留最高贵的统治类型（通过挑选出来的弟子或信徒），那么就可以利用宗教，在面对更粗暴的统治带来的骚乱和痛苦时，保持平静，并可以避免玩弄政治造成的肮脏，保持纯洁，例如婆罗门就非常擅长这点。他们借助于一种宗教组织，使自己有权让百姓来任命他们的国王，而自己退让在一边，感觉自己是怀有更高和超越国王任务之人。现在，宗教也给予一部分被统治的人指导和机会，让他们准备迎接统治和担负发号施令的任务，这就是那些缓慢上升的阶级和阶层，他们通过幸运的婚姻、意志的力量和兴趣，不断提高自我控制的意志。宗教给他们提供足够的动力和试验的机会，使他们走上通往更高精神的道路，并去体验伟大的自我克服、沉默和孤独的感受。如果一个种族想超越出身，从平民变成主人，并真的通过努力成为统治者，那么禁欲主义和清教徒主义几乎是不可缺少的教育和培养手段。宗教终于给予那些普通人、大多数生来为公众服务的人、只能为公众服务的人，一种对他们的地位和生活方式来说是无法估量的满足感。宗教带来心灵的安宁、服从的神圣化，并能让他们与他们相同的人同甘苦，并得到某种神化和美化的东西，好让他们接受日常生活，接受自己灵魂的低下和半动物式的贫困。宗教和生活的宗教意义给予这些受苦的人以太阳的光芒，使他们能忍受自己的样子，宗教的作用就像一种享乐主义的哲学对更高地位的受苦之人所起的作用，能提升人的快乐感、高贵感，能利用痛苦，最后变得神圣并觉得自己完全合情合理。也许基督教和佛教最让人尊敬之处就是它们的艺术，即能教会最底层的人通过虔诚来使自己进入事物更高的安排，并以此满足于现实的安排，他们在这一安排中艰难地生活着，恰恰是这种艰难需要他们把苦难牢牢地抓住！

62

当然，最终，也要让这样的宗教面临可怕的问责，并暴露其可怕的危险性：如果宗教不是作为哲学的驯服和教育工具，而是自发地、独立地起作用，如果宗教只想成为目的，而不是众多手段中的一个，宗教付出的代价总会极其惨烈。人和每种动物一样，都有大量的倒霉蛋、病人、变质之人、衰老和必须受苦之人。最幸运的情况对人来说也只是例外，再加上，鉴于人是没有完成的动物一说，这种例外甚至变得还非常稀少。但更惨的是，一类人表现的层次越高，他陷入困境的可能性也越大。人类整个过程中的偶然性、无意义的原则，最可怕地表现在对更高级之人的破坏作用上，这些人的生活条件是高贵的、丰富的，也是难以估算的。那么，上面提到的两个宗教是如何对待大量的不成功人生呢？它们试图保留生活中一切可以保留的东西，是的，原则上它们采取支持不成功人生的立场，即把自己看作是受苦者的宗教，给那些生不如死的人活下去的理由，并要让他们接受有关生命的其他感受都是错误和不对的观点。不管有人要把这种小心翼翼维持生命的关心吹得有多响——这类关心和其他的东西迄今为止几乎也永远是针对最高的人，针对最受苦的人——但总的看来，迄今为止，主要是那些独立自主的宗教把人这一类型放到更低的位置，这些宗教保留太多必然走向毁灭的东西。人们必须感谢这些宗教所具有的无法估量的东西。而充满感恩的人，就可以不用在其他人面前显得可怜，如基督教的那些"精神之人"迄今为止为欧洲所做的那样！但，如果这两个宗教给予受苦之人安慰，给被压迫之人和绝望之人以勇气，给非独立之人一个支柱，并且把内心受到破坏的人和社会上的疯子吸引到修道院和精神病医院里，那么除此之外，它们还必须做什么，才能心安理得从根本上维持所有病人和受苦之人的生命呢，也就是它们要从行动和真理上为欧洲种族的恶化做些什么呢？颠倒所有的价值，它们必须这么做！要摧毁强大的东西，要嘲笑伟大的希望，要怀疑美中的幸福，要把所有美化自己的东西、男性的东西、征服的东西、渴望统治的东西，所有的本能，也就是最高的和最好的人的类型所拥有的本能，变得不安全，变成良心上的痛苦，变成自我摧毁，是的，把对人世和统治地球的全部的爱变成反对地球和对尘世的恨。过去教会把这看作是任务，现在也必须这么做，一直到教会看到终于把"非世俗化""非感性化"和"更高级之人"融为一体。假设，人们想用伊壁鸠鲁式的神的嘲笑和无所谓的目光去看透欧洲基督教这一古怪、痛苦、粗鲁和高级的喜剧，我想，人们会不停地吃惊和开怀大笑：看起来不就是一个意志统治了欧洲一千八百年，这个意志就是要把人变成高雅的怪胎吗？但如果有人以相反的要求，不再伊壁鸠鲁式，而是拿一把神性的大锤，朝人的这种几乎是任意的变质和畸形打去，向欧洲基督徒的变质打去（例如帕斯卡尔），那他极有可能会怒气冲冲，同情并可怕地喊道："哦，你们这些傻瓜，这些自大的、有恻隐之心的傻瓜，你们都干了些什么？这是你们的手要干的活吗！你们怎么把我最漂亮的石头弄坏了呢！你们怎么能允许自己这么放肆！"我想说的是：迄今为止基督教是最可怕的自负方式。人真的不够高贵和坚硬，所以无法在自己身上塑造出艺术家。人没有这么强大和有远见，所以无法使用一种高贵的自我克服，无法禁止几千种错误和沉沦的表面法则大行其事。人没有高贵到这种程度，可以看到人和人之间深渊般的不同等级和差距：这样的人以其"在上帝面前人人平等"的想法，迄今为止控制了欧洲的命运，一直到终于制造出一种几乎是可笑的缩小类型，一种群体动物，制造出某种顺从的、病弱的和平庸的东西——这就是今天的欧洲人。

第四章　格言和中间插入的游戏

63

那些彻底愿意当老师的人，只重视与学生有关的所有事情，甚至会重视自己。

64

为认识而认识，这是道德设置的最后一个陷阱：好让人们又一次完完全全掉到道德里去。

65

如果通往知识的路上不需要克服这么多羞愧之心的话，知识的魅力就会变得很小。

65a

人对待自己的上帝最不诚实：不允许他犯罪！

66

贬低自己、偷窃自己、被人欺骗和让人剥削的爱好很可能是人群中一个上帝的羞怯之心。

67

只爱一个人是某种野蛮：因为这种爱牺牲了所有其他人的利益。对上帝的爱亦是如此。

68

我的记忆说："是我做了这件事。"我的骄傲说："这不可能是我做的事"，并绝不松口。最终，记忆就只能让步。

69

如果人没有看到那双以爱护方式杀人的手，就是蹩脚的生命目击者。

70

有性格的人,必然会有其典型经历,而且这一经历会重复出现。

71

作为天文学家的智者,只要还感觉到星星是一种"在自己上面"的东西,那就缺乏认识者的目光。

72

不是高尚的强度,而是其持续性造就高尚之人。

73

达到自己理想的人,以此就会超越这一理想。

73a

有些孔雀在所有人面前隐藏自己的尾巴,这就是孔雀的骄傲。

74

一个有天赋的人,如果他不至少具有以下两点,即感恩和纯洁,会让人无法忍受。

75

一个人性爱的程度和方式一直可以延伸到他精神的最后一个顶峰。

76

在和平的状态下,好战之人总是被自己所绊倒。

77

人们愿意以他们的基本原则来奴役自己的习惯,或为其辩护,或欣赏或咒骂或隐藏。而持有同样原则的两个人很可能想要达到的东西根本就不同。

78

轻视自己的人,总会作为轻视者而重视自己。

79

一个知道自己被爱的灵魂,但自己又没有能力去爱,就会暴露自己的渣滓:最底下的东西会往上翻。

80

一件自我澄清的事情,就不会再与我们有关。那个叫喊"认识自己!"的神是什么意思呢?也许是说:"不要去想与你有关的事情,要客观!"那苏格拉底呢?还有那个"科学之人"呢?

81

在海里因口渴而死去会非常可怕。难道你们真的要把你们的真理搞得如海水一样咸,以至于它不再解渴吗?

82

"同情所有的人"——但愿严酷和专制与你同在,我的邻居先生!

83

本能。如果房子烧着了,甚至会忘记吃午饭。是的,但人们会在灰烬上补吃午饭。

84

女人学会恨的程度,犹如她忘记如何展现她魅力的程度。

85

男人和女人同样的冲动在速度上是不一样的,所以男人和女人无法停止相互误解。

86

女人在她们个人虚荣心的指使下,总还有她们非个人的轻视,即对"女人"的轻视。

87

紧闭的心,自由的精神。如果人们牢牢地闭住了自己的心，并把它锁上，那就可以给予精神以很多的自由。我已经说过一次了，但人们不相信我，假设，他们并不是不知道……

88

只要非常聪明之人变得狼狈，人们就开始怀疑他们。

89

可怕的经历会使人们猜想，经历这一切的人是否也有点可怕。

90

沉重和忧伤之人恰恰可以通过使其他人变得沉重的东西，通过恨和爱，使自己变得轻松，而且会暂时浮出水面。

91

如此冷酷，如此冰冷，碰上了这样的人甚至可以烧毁手指！抓住他的每只手都会令人感到害怕！正因为如此，有些人会觉得这样的人浑身发烫。

92

有没有人为了获取自己的好名声而没有牺牲过自己?

93

平易近人里没有仇恨的情绪,但正因为如此含有太多对人的轻蔑。

94

男人的成熟:也就是说男人重新找回了严肃性,这种严肃性是小男孩玩游戏时拥有的。

95

为自己的非道德而感到羞愧:这是梯子上的一级,而在梯子的尽头,人们也会为自己的道德而感到羞愧。

96

告别人生应该像奥德修斯与瑙西卡告别那样,更多的是祝福,而不是热恋。

97

什么？一个伟大之人？我看到的永远只是他自己理想的表演者。

98

如果有人在训练自己的良心，那么他咬我们的时候，就是在亲吻我们。

99

失望之人说："我曾倾听回声，而我听到的只是赞美。"

100

在我们自己面前，我们总是表现得要比我们自己更不懂世故：我们正以这种方式在他人面前放松自己。

101

今天一个认识者很容易感到自己犹如上帝正在道成兽身。

102

发现对方也爱自己，本应该使爱者能清醒地认识所爱之人。"什么意思？爱上你这样的人，说明我已经够谦虚的了？还是够愚蠢？还是，还是……"

103

幸福中的不幸。"现在一切都是最好的，从现在开始我热爱每种命运——谁有兴趣成为我的命运？"

104

不是他们的博爱，而是他们无能力博爱，阻碍了今天的基督徒把我们烧死。

105

对自由精神来说，也就是对"虔诚的认识者"来说，虔诚的谎言比非虔诚的谎言更违反品味（违反"虔诚性"）。所以他就会深深地不理解教会，以及他为什么会属于"自由精神"这类人——作为他的非自由。

106

但愿热情可以借助于音乐进行自娱自乐。

107

一旦做了决定,就是最好的反对理由,耳朵也不会去听。这是一种强烈的性格体现,也就是偶尔想表现出愚蠢的意志。

108

根本就没有什么道德现象,而仅仅只有对现象进行道德上的解释……

109

罪犯常常无法胜任自己的行为,所以他就会把自己渺小化并否认自己的行为。

110

一个罪犯的辩护律师们常常没有足够的艺术家气质,

所以他们无法把行为的可怕性变成有利于罪犯的东西。

111

当我们的骄傲受到了伤害,我们的虚荣心就会受到最大的伤害。

112

那些感到自己命中注定是观看,而不是去相信的人,会觉得所有的信徒都很吵闹,而且咄咄逼人。这些人会反抗他们。

113

"你想把他占为己有?那你在他前面就要表现得狼狈。"

114

在性爱这件事上出现的巨大期待以及这一期待包含的羞愧心,从一开始就会使女人们失去所有的前景。

115

如果既不带点爱又不带点恨,女人的表演就会平庸。

116

我们能获得勇气的地方,并能把我们的大恶变成我们至善的地方,就是我们生活的伟大时代。

117

克服一种冲动的意志,结果只是产生一个或多个其他冲动的意志。

118

有一种赞美的纯洁。那些尚没有想到自己有一天也可能受到赞美的人,就会拥有这份纯洁。

119

对肮脏的恶心能够变得如此巨大,以至于它会阻碍我们去把自己弄干净,并为自己"辩护"。

120

肉欲的速度常常超过了爱情增长的速度,以至于根部非常虚弱,并且很容易被拔掉。

121

一种高雅就是:当上帝想成为作家的时候,他学希腊文,而且学得不是很好。

122

因为听到表扬而高兴,对有些人来说仅仅是内心的一种礼貌之举——恰恰是精神虚荣心的对立面。

123

就是情妇也会变得腐败,即通过婚姻。

124

在火葬的柴堆上依然欢呼的人,不是因为克服了痛苦,而是因为他在本该期待痛苦的地方感觉不到痛苦。一个比喻。

125

如果我们要改变对一个人的看法，我们就要设想他给我们造成的令人很不舒服的东西。

126

人民是自然的迂回之路，以便找到六七个伟人。是的。然后，人民就会待在这些人身边。

127

对所有真正的女人来说，科学是违背羞耻心的。她们会想，他人是否要深入到她们的皮肤中去——更糟！是要看她们的衣服里面是什么，妆装的下面是什么。

128

你想教的真理越抽象，你就必须更多地引诱感官去注意它。

129

魔鬼看上帝的视野最宽阔,所以上帝离魔鬼那么远。因为魔鬼是知识最古老的朋友。

130

如果一个人的才能降低,如果他不再表现他的能力,那就可以开始猜测他是什么样的人。才能也是一种装饰,而装饰也是藏身之地。

131

男人和女人相互欺骗:这导致了,他们基本上欣赏的和爱的只是他们自己(用更讨人喜欢的话来表达就是他们自己的理想)。所以男人需要女人温和宁静,但恰恰女人从本质上来看就是不温和不宁静,就像猫那样,尽管猫经过足够的接触后,会呈现出爱好和平的表象。

132

人最希望因自己的美德而遭到惩罚。

133

那些不知道如何找到通往自己理想道路的人,要比没有理想的人活得更轻率和更肆无忌惮。

134

从感官的角度来看,首先看到的是所有的可信性、所有的好良心、真理的所有表象。

135

法利赛主义的伪善不是好人身上的一个变种。其中大部分,更多的是行善的条件。

136

一个人在寻找帮助他诞生思想的助产士,另外一个人在寻找自己可以帮助的人,这样就会产生很好的交谈。

137

在与学者和艺术家的交往中,人们很容易误入反方向：人们在一个奇怪的学者后面常常会发现一个平庸之人，而在一个平庸的艺术家后面，甚至常常会发现一个非常特别的人。

138

无论在梦里，还是醒的时候，我们都会这么做：我们首先发明和虚构一个与我们有交往的人，然后马上把他忘记。

139

在复仇和爱情中，女人总比男人要野蛮。

140

作为谜语的建议。——"如果绳子不断，你必须去咬它。"

141

下半身是人不那么容易把自己看作是一个神的原因。

142

我听过的最庄重的话是:"在真正的爱情中,是灵魂裹住肉体。"

143

我们做得最好的事就是:我们的虚荣心希望这件事对我们来说恰恰是最困难的。这也是一些道德的起源。

144

如果一个女人有搞学问的偏好,一般来说,她的性别上有些东西不正常。不育就是品味的某种男性化。因为男人,如果允许这么说的话,就是"不生育的动物"。

145

全面比较男女,可以说,如果女人没有扮演第二角色的本能,也就没有打扮的天赋。

146

和怪物斗争的人也许会注意到,他不会因此而变成怪物。但如果你长时间地朝一个深渊看，深渊也会朝你内心看。

147

引自佛罗伦萨旧小说的一句话，是来自生活的一句话："好的女性和邪恶的女性都需要棍子。"萨切提①，1786年11月。

148

引诱你最亲近的人产生一个好想法，然后让这人相信这一想法。在完成这类艺术作品方面，谁能与女人比试呢？

149

一个时代感觉到凶恶的东西，一般来说，是另一件不合时宜的事情的余音，而这件事情过去却被感觉为是好的。一个更古老理想的返祖现象。

---

① 意大利作家。

150

在英雄的周围,一切都会变成悲剧,在半神的周围,一切都会变成喜剧,而在上帝的周围一切会怎么样?也许会变成"世界"?

151

光有一种才能完全不够:人们还必须获得你们的允许,你们是什么意思?我的朋友们!

152

"知识之树屹立的地方永远是天堂":最古老和最年轻的蛇都这么说。

153

所有出自爱做的一切,总是出现在善与恶的彼岸。

154

异议、出轨、愉快的怀疑、讽刺的乐趣都是健康的标记。所有绝对的东西都是病态的。

155

对悲剧的意识总是随着感官性减少或增加。

156

个人的疯狂性很稀有，但在群体、党派、人民和时代中，是有规律出现的东西。

157

自杀的念头是强烈的安慰剂，有了这种念头就可以很好地渡过一些凶恶的夜晚。

158

不仅是我们的理性，还有我们的良心，都屈服于我们最强的欲望、我们内心的暴君。

159

人们必须报答，既对好事又对坏事——但为什么要报答那个对我们做了好事或坏事的人呢?

160

只要把知识告诉了他人,就不会太热爱这些知识了。

161

诗人们毫无羞耻地反对他们的经历。他们压榨这些经历。

162

"我们最亲近的人不是我们的邻居,而是邻居的邻居",每个民族都会这么想。

163

爱情会让一个正在爱的人的高尚和隐蔽的特点昭然若揭,即他身上的罕见和例外。从这个角度来看,爱情会让我们看不到这个人身上规律性的东西。

164

耶稣对他的犹太人说:"法律是为了奴仆而制定,要爱上帝，就像我爱他那样，作为他的儿子！道德与我们这些上帝之子有什么关系！"

165

面对每个党派：一个牧羊人总需要领头羊，或他有时必须自己也当羊。

166

人们也许是用嘴巴骗人，但如果把自己的嘴巴变成动物嘴巴时，人们真的会说真话。

167

对那些冷酷无情的人来说，亲密是羞愧之事，也是某种珍贵的东西。

168

基督教给爱神喝毒药。他虽然不会因此而死，但会变种，变成恶。

169

谈论很多自己的事,可能也是一种隐藏自己的手段。

170

赞扬要比责备更咄咄逼人。

171

同情心在一个知识之人身上几乎会让人发笑,就好像独眼巨人身上的温柔之手。

172

出自博爱,人们有时会拥抱任意一个人(因为人们不能拥抱所有人),但人们恰恰不能向那个任意之人泄露这一点。

173

只要人们还在藐视,也就不会有憎恨,只有平视或高看,才会产生憎恨。

174

功利主义者,你们也喜欢一切有用的东西,但这些东西只是作为你们偏爱的交通工具,实际上就是你们也会觉得车轮的噪音难以忍受?

175

最终人们爱的是自己的欲望,而不是想要得到的东西。

176

只有当别人的虚荣心反对我们的虚荣心的时候,这种别人的虚荣心才会不符合我们的口味。

177

在谈及什么是真实性时:也许还没有人足够真实。

178

人们不相信聪明的人会有愚蠢的行为:这是人权多么大的损失!

179

我们行为的后果会抓住我们的头发,即使我们已经"改好"了,也不会改变这点。

180

谎言中有一种无辜,这种无辜是极其相信某件事的标记。

181

一个人遭咒骂时,为其祝福是不人道的。

182

胜过你的人对你的亲密会激怒你,因为你无法回报这种亲密性。

183

"使我震惊的不是因为你骗我,而是因为我不再相信你。"

184

有一种善良的狂妄自大,这种狂妄自大看起来就像是恶行。

185

"我不喜欢他。"为什么?——"我无法掌控他"——曾经有人这么回答过吗?

第五章 论道德的自然史

186

现在，在欧洲，道德感觉敏锐、老练、多层次、具有刺激性、狡猾性，犹如与此相关的"道德学"：年轻、刚刚起步、笨拙和粗糙。这是一种具有吸引力的对立，有时在一个道德主义者身上可以看到这种对立，而且表现得非常具体。道德学这个词从其定义来看就太高傲，并违背好品味，而这种好品味从来就喜欢听更谦虚的话语。人们必须严肃地承认：从长远来看，什么东西必须做，以及什么东西暂时只要去收集资料，并要对细腻的价值感和价值差别的庞大帝国进行概念上的理解和归纳，这些价值感和价值差别会存在、增长、产生新东西和消亡。也许，我们要做一些试验，以显示这些活生生结晶体在不断地出现和有更多的构建，正在为一种道德的典型学说做好准备。当然，迄今为止人们没有这么谦虚。所有的哲学家只要把道德作为一种科学课题，都会以一种令人发笑和僵化的严肃态度，要求自己说出很多更高级的东西，要求更高和更神圣的东西。他们要说明道德存在的原因，每个哲学家迄今为止也都相信，自己已经说明了道德的原因，但道德本身被他们看作是"被给予的"。描绘那种看起来很不起眼并停留在灰尘和烂泥中的东西，这一任务距离这些哲学家笨拙的骄傲是如此遥远，尽管对这个任务来说，最好的手和感官都还不够用！恰恰因为道德哲学家只是大致地了解道德事实，肆意取出某个事实或任意简化事实，也就是只看其环境、等级、教堂、时代精神、气候和地方的道德性；正是因为这些道德哲学家对人民、时代和过去不甚了解，并且又没有了解的愿望，所以他们就看不到道德的真正问题，而这些问题只有在对许多道德进行比较时才会出现。在迄今为止的"道德学"中，毫无疑问存在问题，就是缺少道德问题本身，尽管听起来令人难以置信。至于哲学家们所说的"道德的成因"并要求自己做的东西，用正确的眼光来看，仅仅只是相信一种占主导地位的道德教诲形式，只是相信道德表达的一个新手段，也就是在一种特定的道德性内的一个事实，是的，甚至从最终的原因来看，是一种类型的否定，即否定把道德理解为问题，在任何情况下道德都不是检验、分析、怀疑的对象，不能对此信念进行解剖。例如，人们听到，叔本华是如何以几乎令人钦佩的清白提出自己的任务，他认为，人们是从一种"科学"的科学性得出自己结论的，这一科学的最后大师像孩子和老妇人那样说话。他说："原则，基本原则，所有的伦理学家实际上对其内容的看法是一致的，就是：不要损害任何人，而是要尽量帮助人，这实际上就是所有伦理学努力要证明的一句话……是伦理学的真正基础，就是人们几千年来寻找的智慧之石。"证明上面这一句子的困难可能会非常大——众所周知，就连叔本华本人也没有成功破解。而那些彻底感受过这个世界的人，也就是在一个根本上是强力意志的世界里，这个句子是多么没有品味、虚假和多愁善感，这也许会让他们回想起：尽管叔本华实际上是悲观主义者，但他在吹笛子，天天吹，朝桌子那边吹——可以去读他的自传，自传里写到了这点。顺便问一声：一个悲观主义者，一个否定上帝和世界的人，一个在道德前停止不前的人，这个人肯定道德并在吹笛子，朝着那种不损坏别人的道德吹：这到底是什么意思？这个人真的是悲观主义者吗？

187

暂且先不看某些话的价值，例如"在我们内心有一种最高命令"，人们总还是能提问：从说这话的人的角度出发，这样的一句话想表达什么？有些道德是为了要在其他人面前为提出这些道德的人辩护，另外的道德是为了安抚提出道德的人，使他们对自己满意。提出道德的人要同另外的道德打架打到十字架前，他们相互羞辱；想用道德复仇，躲藏，宣布自己是神圣的，从而走出去，走到高处和远方。一种道德是为了能让提出这一道德的人去忘记，另一种道德是为了忘记自己或自己的某些东西。有些道德主义者想要在人类身上行使权力和训练创造性的情绪，其他的道德主义者，也许恰恰就是康德，是要让他的道德让别人理解："我身上值得被重视的东西就是我能服从，你们就不应该同我不一样！"简而言之，道德也仅仅只是情感的一种符号。

188

与自由放任相反，每种道德都是反对"自然"的专横，也是反对"理性"的专横，但这还不是反对道德的理由。人们必须自己从一种道德出发，重新进行命令，即所有类型的专横和非理性都不被允许。每种道德身上根本和不可估量的东西是，它是一种很长时间的强制。为了理解廊下派或波尔·罗瓦亚尔学派或清教主义，人们要回忆一下某种强制，就是在那样的强制下，任何语言都会变得强大和自由——借助于韵律的强制，押韵和节奏的强制。诗人和演讲者给每个民族制造了多少苦难！今天一些写小说的人也不例外，在他们的耳朵里有一种绝对的良心，就如那些功利主义的笨蛋所说，"是出于愚蠢"，这些人以此而得意扬扬。而无政府主义者则说，是出于"对专横—规则的投降"，他们以此妄想自己是自由之人，具有自由精神。但令人吃惊的事实是，在世界上曾经有过和现在存在的所有自由、高尚、勇敢、舞蹈以及超级的安全,不管是思想上的,统治方面的,或是在讲演和劝说中,或在艺术和习俗中,都是因为"这种专横—规则的奴役"才得以发展。严肃地说,不容迟疑的是,恰恰这就是自然,就是自然性,而不是自由放任!每个艺术家都知道,他的最自然状态离放任自流的感觉是多么远,最自然的状态就是在"灵感"的瞬间进行自由的排列、固定、拥有和塑造。他是如此严格地和优秀地听从几千种规则,这些规则正因为其严格性和确定性,而嘲笑一切概念(从另外的角度来看,就是最坚定的概念也具有某种漂移不定的东西、多种内容和多层解释)。基本的东西,无论是在天上还是在地上,看起来——我再说一遍——是长期的朝一个方向让人听从。时间久了,过去和现在都会从中产生某种东西,就因为这些东西,值得在大地上生活,例如,美德、艺术、音乐、舞蹈、理性、精神性,某种神化的、狡猾的,很棒和具有神性的东西。精神的长期不自由、传递思想时令人怀疑的强迫性、思想家强加在自己身上的驯服、在一个教会和宫廷的准则里或在贵族的先决条件下思考、长期的精神意志、把发生的一切按照基督教的模式去解释的做法,在每个偶然情况下重新发现上帝和为上帝辩护的做法——所有这些具有暴力、肆意非为、强硬、可怕、反理性的东西都表现为手段,这样的手段为欧洲精神培养了力量、毫无顾忌的好奇心以及高贵的灵活性。必须承认,在这个过程中也必定压抑、扼杀和破坏了不少力量和精神（因为这里和其他地方一样，"自然"呈现出它应该的样子，表现了其满不在乎和无所谓的伟大，它会发怒，但很高贵）。欧洲思想家几千年之所以思考，只是为了证明某种东西。今天则相反，每个想证明某种东西的思想家都会让我们产生怀疑。这些思想家们总是早知道，他们最严格的思考会得出什么样的结论，正如当年亚洲的占星术或今天把个人在"尊敬上帝"和"抚慰心灵"方面体验到的经历做出无害的、基督教道德的解释那样：这种专横、肆意妄为，这种严格、巨大的愚蠢培养了精神。看起来，从较粗暴和较高尚的理解来看，奴役也是精神培育和驯养不可缺少的手段。我们应该从下面的角度来看每种道德：道德的本质就是要教会人们憎恨自由放任以及过多的自由，并要求自己去追求有限地平线和以下任务，这些任务教大家要缩小视角，也就是说要有某种意义上的愚蠢，而这一愚蠢是作为生命和增长的条件。"你应该服从，随便服从什么人，而且要长时间的服从，否则你就会灭亡和失去对自己的最后尊重"。在我看来，这是自然道德的最高命令，这种最高命令当然既不是如老康德所要求的那样是"原则上的"（所以就会有"否则"一说），也不是针对每个个人的（与个人有什么关系！），但与人民、种族、等级，特别是与"人"这种动物，与"人"有关。

189

勤劳的种族觉得忍受懒散是很大的负担：英国人本能的一个杰作就是把星期天如此神圣化和无聊化，以至于英国人在一星期劳动后会不动声色地淫荡，这是斋戒的新发明和新实践，在古老的希腊罗马可以看到很多类似的现象（即使从工作角度出发来看，南部民族的做法也很不高级）。必须有各种各样的斋戒，凡是由强大的本能需要和习惯统治的地方，立法者就应设法规定斋戒日。在这样的日子，欲念会被锁住并重新学会饥饿。从更高的角度来看，被道德狂热主义俘虏的人群和时代，看起来都像是在过规定的强迫日和斋戒日，在这样的日子里，一种欲念就会学会克制和服从，但也学会自我净化和加剧。也完全可以这样解释一些哲学派别（如充满爱神的芳香和欲念空气的古希腊文化中的"廊下派"）。这里也提出了说明以下悖论的暗示：为什么恰恰是在欧洲的基督教时期，而且是在基督教价值判断的压迫下，性爱会提升到爱的高度。

190

在柏拉图的道德中存在着某些东西，这些东西不属于柏拉图个人，而只能从他的哲学里找到。我们也许可以说，尽管与柏拉图有关，但实际上是苏格拉底主义，而对这一主义来说柏拉图是太高贵了："没有人愿意自己害自己，所以所有的坏事都是非自愿地发生。坏人是自己害自己，要是他知道坏事是坏的，就不会去做。所以坏人是出于错误才变坏，如果把他的错误去掉，他必定会变好。"这一得出结论的方式闻上去有平民的气味，平民在坏行为上只看见令人遗憾的后果，他的判断就是："干坏事很愚蠢"，同时，他会毫不犹豫地把"好"同"有用"及"舒服"等同起来。我们在面对道德的每种功利主义时，从一开始就要去猜测是否来自同样的出处，并要服从自己的鼻子，这样就不容易出错。柏拉图用尽手段，想用高尚和高贵的东西来解释他老师的话，当然首先是解释自己。他是所有解释者中最鲁莽的一个，他把全部的苏格拉底仅仅看作是一个通俗的选题和小巷里的民歌，并把它变成无穷尽和不可能的东西，也就是变成他自己的面具和多样性。用一句玩笑，而且还是荷马式的玩笑来总结：如果不是柏拉图，那什么是柏拉图式的苏格拉底呢？

191

有关"信仰"和"知识"的古老神学问题，或更清楚地说，是本能和理性的问题，也就是，在涉及事物价值判断时，本能是否比理性有更多的权威。理性是要根据理由、一个为什么,而不是靠目的性和有用性进行评估和处理。依然还是那个古老的道德问题,这个问题一开始出现在苏格拉底身上,并在基督教出现以前很久就已经使精神大师们分裂。尽管苏格拉底以他富有才华的品味,具有优势的辩证主义者的品味,一开始站在理性的一边,实际上,他一辈子干的事情就是嘲笑他的高贵的雅典人笨拙无能,这些人如同所有高贵之人是本能之人,他们是否永远说不尽他们行为的理由呢?但,最终,苏格拉底也悄悄地、秘密地嘲笑自己:他发现自己在面对他的更高尚的良心和自我审判时,会有同样的困难和无助。他劝导自己,为什么以此就要脱离本能呢!人们应该帮助本能,也帮助理性,人们必须服从本能,但要劝说理性用很好的理由去帮助本能。这就是那个伟大的、充满神秘感的讽刺家的虚伪性,他要让他的良心对自己的那种自我欺骗感到满意,从根本上来说,他看穿了道德判断中的荒诞。在这些事情上更无辜且没有同平民融为一体的柏拉图则想通过一切力量,一个哲学家迄今为止所能用的最大力量,来向自己证明,理性和本能都是从自身出发达到同一个目的,即善和上帝。自柏拉图以来,所有的神学家和哲学家都走在同一条路上,这就是说,在道德这些事上,理性,或基督教徒称为的"信仰"或我称之为的"乌合之众"胜利了。除了笛卡尔,这一理性主义之父(当然也是革命的祖父),他只承认理性的权威,但理性只是一个工具,笛卡尔很肤浅。

192

研究一门科学历史的人,会在这门科学发展的过程中找到一条主线,以了解所有"知识"和"认识"的最古老和最普通的过程。无论在哪里,出现的总是过早的假设、虚构以及对"信仰"的愚蠢意志,缺少怀疑和耐心——我们的感官很迟钝,永远不会完全学会成为认识的高级、忠诚和谨慎的器官。我们的眼睛更喜欢在某一个契机下重新制造一个已经被多次制造过的画面,把这个画面作为一个印象的偏差和新的印象而保留下来:新印象需要更多的力量,更多的"道德性"。听到新东西对耳朵来说既尴尬又困难,我们听不惯陌生的音乐。我们在听一种陌生语言时,会非有意地把听到的声音变成词汇,变成那些更熟悉和更亲切的词汇:所以,德国人曾把听到的"arcubalista"变成十字弓(Armbrust)这个字。新东西也发现我们的感官对其抱有敌对和反对的态度,就是在感官性最"简单的"过程中,情感还是起主导作用,如恐惧、爱、恨,包括懒惰的消极情绪。现在一个读者很少会把一页纸的每个字都读一遍(或甚至每一个音节),读者更多的是从二十个字里偶然地挑出大概五个,并猜出也许是属于这五个字的意思。同样,我们也很少仔细和彻底地观察一棵树,也就是看树叶、枝干、树的颜色和形状。对我们来说,更为容易的是去想象树的大概模样。就是在特殊经历中,我们也依法炮制:我们虚构大部分经历,而且几乎不会强迫自己以"发明者"的身份来观看一个过程。所有这一切说明了,我们从根本上来说,自古以来,就习惯了谎言,用更美德、更虚伪,简而言之也就是更舒服的表达就是:人们要比自己想象的更像艺术家。在一次生动的谈话中,我常常看着对方的脸,看看他表达了什么想法或我唤起了他什么想法,在我面前的这张脸是那么清楚和确定,以至于这种清晰度超过了我的视觉能力:肌肉运动和眼睛的细腻表情肯定是我自己加进去的。很可能其实那个人的表情完全不是这样或根本就没有表情。

193

白天做什么,梦中也会做什么;反过来亦是如此。我们在梦境中经历的东西——前提是我们经常有这些经历——最终属于我们灵魂的全部内容,完完全全像是"确实"经历过。因为这点,我们会更丰富或更贫瘠,会或多或少有一个需求,最终会在大白天,甚至在我们清醒的精神最愉快的瞬间,多少有一点会被我们梦的习惯所提携。假设,一个人常常梦到自己飞翔,只要做梦,就会意识到飞翔的力量和艺术,犹如是他的特权,犹如是最属于他自己和值得嫉妒的幸福。这个以最小的冲动就相信自己能实现各种形式的弧度和角度的人、了解什么是某种绝妙的轻率感觉之人、一个在不受压力和强迫的情况下"朝上"的人、一个在不受贬低和凌辱的情况下"朝下"的人——没有重力！——怎么能期待拥有这种梦的经验和习惯的人，在他最清醒的白天去改变"幸福"这个字的色彩和定义呢！他怎么能以另外的方法追求幸福！这个人一定会把诗人们所描绘的"跳跃"，看作是反对"飞行"的，会认为这个字眼太世俗了，太肌肉化，太暴力，太"重"了。

194

人的不同不仅表现在人对物品的需求不同——也就是他们对哪些物品值得拥有的想法不同，他们对物品价值高低的看法不同，对共同认可的物品地位的看法也不同，但这种不同更多表现在，对他们来说什么才是真正对一个物品的占有。例如，可以拿一个女人举例，对一个更谦虚的人来说，占有身体和享受肉欲就足够和满足了。而另一个对占有的饥渴更抱有怀疑、要求也更高的人，就会对那种拥有的表面性打"问号"，所以他要做更高级的试验。他必须知道，那个女人是否不仅献身于他，而且还能为了他放弃自己拥有的或想拥有的东西，如果真是这样，这个女人才值得他占有。而第三个人即使这样也不能完全消除自己的怀疑，这些还不是他想占有的全部。他会问自己，这个女人如果把自己所有的东西都给他，这么做是不是把他当作了一个幻象。他要的是被这个女人彻底地，是的，完全彻底地认识，这样他才能真正地被爱，他敢于被她看穿。只有当那个女人完全不被他骗时，只有那个女人尽管知道他的各种恶行和隐藏的贪婪时依然爱他，而不仅因为他的善良、耐心和精神，只有在这个时候他才会感到他完全占有了爱人。有的人要占有人民，不惜使用更高的卡格里斯特洛①和卡提利那②艺术。另一个拥有更高级的占有饥渴的人对自己说："想占有就不能欺骗他人。"这样的人在设想他的面具如何控制百姓的心时，会怒气冲冲和很不耐烦："所以，我必须让别人认识我，而在这以前我要先认识自己！"在那些乐于助人和做善事的人中间，几乎可以定期地找到那种愚蠢的诡计，这种诡计面对应该得到帮助的人先要进行自我调整，比如这个人是否"值得"帮助，是否恰恰需要他们的帮助，是否应该检验这些得到帮助的人会不会永远感恩，永远依附和服从他们。他们就用这样的想象占有那些需要帮助的人，犹如占有财产，似乎是出于对财产的追求才变成行善和乐于帮助之人。如果他在帮助的时候，有人妨碍了他或比他帮助得早，他就会很嫉妒。父母不自觉地要把自己的孩子变成与他们相似的人，他们把这称为是"教育"，没有一个母亲在心底会怀疑，孩子身上会诞生出一笔财产，没有一个父亲会否认自己

---

① 意大利冒险家，炼金术士。
② 罗马政治家。

拥有能让孩子服从他的观念和价值观的权力。是的,曾经有过这样的阶段,父亲认为肆意地决定新生儿的生和死(就像在古老的德国)是正确的。除了父亲,现在还有老师、小商人、神父和君主,他们在每一个新人身上也看到一个可以获得新占有的理所当然的机会。从中得出的结论就是……

195

正如塔西佗①和古希腊人所说,犹太人"生来就是受奴役的"。"犹太人是被选中的民族",这是犹太人的说法,他们也相信这点。犹太人神奇地做到了价值的转换,正是因为这一点,几千年之久的尘世生活就有了一种新的和危险的诱惑力:他们的预言者把"富有""无上帝""凶恶""暴力"和"性感"融合为一,并第一次把"世界"这两个字变成可憎之语。在价值的这一转换中(例如把"穷"这个字变成"神圣"和"朋友"的同义词),存在着犹太民族的意义:以此开始了道德的奴隶起义。

196

除了太阳还有无数的黑色星球需要开发,我们永远

---

① 古罗马历史学家。

看不到这些星球。私底下讲，这是一个比喻。一个道德——心理学家把全部星相学都只当做比喻和符号语言来读，从而就可以不去谈很多东西。

197

人们会完全误解猛兽和掠夺之人（例如恺撒·波吉亚①），人们也会误解"自然"，只要人们在所有最健康的热带动物和植物中去寻找"病态"的东西，寻找那个为他们而生的"洞穴"，正如迄今为止几乎所有道德主义者所做的那样。看起来，那些道德主义者对原始森林和热带有一种恨？难道"热带之人"无论如何应受到歧视，无论是作为人的病态还是变态，无论作为自己的洞穴还是自我折磨？究竟为什么？是为了有利于"平庸地区"？为了有利于"平庸之人"？为了道德主义者？平庸之人？——就"让人生畏的道德"一章而说的话。

198

所有面对个人的道德，正如人们所说，是为了人的幸福，如果这些道德作为处理危险行为的建议——而人就是在这样的危险性中生活，那么这些道德会是什么样

---

① 波吉亚家族的成员，教宗亚历山大六世私生子，强权人物。

呢？只要这些道德具有强力意志并想扮演主人的角色，那就是治愈人的热情方子，是治愈人的好倾向和坏倾向的方子，是大大小小的聪明和艺术手段，并带有旧家居物品的气味和老女人的智慧。所有这一切在形式上是巴洛克式和非理性的，因为它们面向所有的人，因为它们要在不能笼统化的地方进行笼统化。它们非要把一切说出来，非要自己担当，不仅只是一点点地添油加醋。但只有过分地加油添醋，并开始学会发出危险味道时，特别是要求有"另外一个世界"时，这些道德才可以忍受，有时甚至还有诱惑力。从智力的角度衡量，这一切少有价值，远不是"科学"，更不能说是"智慧"，而是，再说一遍和说三遍：是聪明、聪明、聪明，加上愚蠢、愚蠢、愚蠢——不管是对待情感高度愚蠢的无所谓和冷漠，廊下派鼓励和纵容这点；还是斯宾诺莎的不笑和不哭的做法，他幼稚地主张要通过分析和解剖来破坏情感；或是把情感降低到无害的中等水平，在这一水平中，这些情感得到满足，这是道德的亚里士多德主义；还有就是把道德也看作情感的享受，通过把艺术的象征性有的放矢地进行稀释和精神化，比如作为音乐或作为对上帝以及出于上帝的意愿对人的爱，因为在宗教中，热情又重新获得公民权，其前提是……还有那种自愿和勇气十足的对情感的献身，如哈菲兹①和歌德所教诲的那样；还有

---

① 十四世纪波斯诗人。

把缰绳勇敢放下来的做法，最终就是智慧的老怪癖之人和酒鬼在例外的情况下精神及身体的放纵，在这些人身上，"不再有很多危险"。——就"让人生畏的道德"一章说的话。

199

在任何时候，只要有人存在，就存在人的群体（男女团体、组织、种族、人民、国家、教堂），而且相比小部分的命令者，会有很多服从者。鉴于服从是迄今为止人类练习最多和最久的本领，人们就有理由假设：一般来说，现在，每个人生下来就带有服从的需求，作为形式良心，这一良心命令："你必须做这个，不做那个"，简而言之就是"你应该"。这一需求试图自己喂饱自己，并用一种内容来填满形式，这一需求根据其强大程度、着急程度和压力，没有太多的选择，由着自己大概的胃口，去寻找并接受来自任何命令者向耳朵里吹的东西，如父母、老师、法律、等级偏见、公众舆论。人类发展过程中，奇怪的局限性、犹豫性、拖延性，常常是往后退和原地打转的基础，这种群体动物的服从本能在命令艺术的努力下，得到了最好的继承。如果我们好好思考这一本能，深入到它最厉害的地方，就会发现缺少发令者和独立之人，或这些人因为坏良心而受到煎熬，必须自己欺骗自己才能发号施令，因为似乎他们也只能服从。

现在，这种状况在欧洲确实存在，我称它为命令者的道德虚伪。为了在自己的坏良心面前保护自己，他们所能做的就是把自己当作更古老和更高命令的执行者（父辈的、宪法的、权力的或法律的或甚至上帝的），或者是从群体思维方式那里借来群体准则，比如他们是"人民的第一奴仆"或"作为大众福利的工具"。另一方面，今天，在欧洲，群体人也赋予自己一个好名声，似乎群体人是唯一被允许存在的一类人，他们的特点被美化，就因为这些特点，群体人变得驯服、容易相处并对群体有用，他们的特点也是真正的人的美德，那就是公众精神、亲善、顾忌他人、勤奋、中庸、谦虚、宽容、同情。但在人们以为不可放弃领袖和铁锤的地方，今天，他们就会不遗余力地试图通过把聪明的群体人加起来的方法，来取代发号施令者。例如所有具有代表性的宪法都起源于此。尽管如此，一个坚决的施令者的出现会给群体动物——欧洲人——带来什么样的善举，如何能使他们摆脱不可忍受的压力，拿破仑的功劳就是对此最好的证明。拿破仑功绩的历史几乎是更高幸福的历史，是这一世纪通过这个最有价值的人和最有价值的历史瞬间带来的幸福。

200

来自一个瓦解时代的人——这一时代把种族混在了一起，这样的人身上继承了来自不同出处的东西，即对立的欲望，常常不仅仅只是对立的欲望和价值尺度，还有这些东西之间的抗争，而且几乎不会停止——，这样的一个被后来文化和破碎之光照耀之人，一般来说将会是一个较弱的人，他最基本的要求是，战争有一天会结束，而他自己就是这一战争。幸福对他来说，如同一种可以使自己安静下来的药物（例如治癫痫或基督教的药）和一种思维方式，特别是作为一种由休息、不被打扰、满足组成的终于成为一体的幸福，作为"安息日的安息日"——借用神圣的奥古斯丁的话，而他自己就是这样一个人。如果对立和战争在这样一个人的内心起作用，如一种生命刺激和快感，再加上他进行战争的高超技能属于他最强大和不可调和的欲望，也就是自我控制和自我欺骗的手腕得到了继承和培养，就会出现具有魔力、不可掌握和不可想象的东西，也会出现注定要获胜和诱惑他人的谜之人，这样的人最完美地体现在阿尔喀比亚德①和恺撒身上（根据我的品味，我很想把腓特烈二世也作为第一个欧洲人），也许在艺术家中是达·芬奇。他们都出现在同样的年代，在那样的年代，那些较弱的人，追求安静的人会走到前面。两种类型的人相辅相成，来自同样的出处。

---

① 雅典城邦的政治家。

201

只要道德判断中,占统治地位的实用性是群体的有用性,只要目光只关注维持团体,并只在看起来对团体有危险的地方,仔细寻找非道德的东西,那就不会有"爱邻人的道德"。假设,在那里已经存在对顾忌、同情、合理、温和及相互帮助的固定小练习,即使就是在这一社会状态,所有后来都被冠上"美德"的欲念都在起作用,而且最终几乎都同"道德"这个词融为一体。但那时,这些东西还完全不属于道德判断的王国,它们都还是道德之外的东西。例如,一个同情行为在最好的罗马时代既不好,也不坏,既不是道德,也不是不道德。如果称赞这一行为,这一行为对这一称赞最好的接受程度也就是把它看作一种不自觉的贬低——只要这一行为把自己同另一个促进全体的行为放在一起。最终,与对邻人之惧相比,"对邻人的爱"总是某种不重要的事情,是惯例和表面的东西。当基本上确立了社会结构,并且看上去面对外部的危险也很安全时,对邻人的恐惧会重新制造道德判断的新角度。一些强大的和危险的本能,如喜欢冒风险、有勇无谋、爱复仇、诡计多端、爱掠夺、热衷于统治,这些欲念迄今为止为了给大众谋福不仅使用了别的名字,如合理性,从而得到尊重,而且被发扬光大(因为面对敌人的危险需要使用这些手段),现在人们感到这些本能的危险性增加了一倍,现在这些东西没有发泄的机会,逐步地被谴责为非道德,并受尽侮辱。现在受到尊重的是相反的欲念和倾向,群体的本能逐步地得出自己的结论。在一个观点、一种状况和一桩情感中,在一个意志和一种才华中,究竟存在多少同样的、普遍的危险性呢?这是现在的道德角度。在这里,恐惧又成为道德之母。如果那些最大和最强的欲念热情地爆发,推动每个人去远远超过群体良心的平均水平和最低水平,那么社团的自我感觉就会被摧毁,它对自我的信赖,即它的主心骨就会断裂。当然,人们恰恰是要对这样的欲念进行谴责和污蔑。很高的和独立的精神性、主张个人孤独的意志、伟大的理性被看作危险。所有在个人身上超过群体的东西和让周围的人惧怕的东西,从现在起就被称为恶。正当的、谦虚的、有组织的、平等看法和中庸的欲念变成了道德的名称和受尊敬的东西。终于,在和平的状态下,让自己的感受变得严格和坚强,这样的机会和必要性越来越少。现在每种严格,甚至是正义的严格,也开始摧毁良心。一种很高和很坚定的高贵和自我责任心几乎让人感到耻辱,并引起人们的怀疑。"羔羊"要比"绵羊"还要受到尊敬。在社会历史中有一种被腐烂和被减弱的病态东西,也就是社会自己站在了破坏者和罪犯的立场,而且还表现得非常严肃和诚实。惩罚,在社会看来有一点不合理,可以确认的是,对"惩罚"和"应该惩罚"的设想让它痛苦并感到恐惧。

"难道让他变得不危险还不够吗?为什么要惩罚?惩罚本身就是可怕的!"群体的道德,也就是恐惧道德,以这个问题得出了自己最后的结论。假设,人们可以废除产生恐惧的危险,但同时也会把这一道德也废除,这种道德就没有必要存在了,它自己都觉得没有必要了!那些审查今天欧洲人良心的人,会从道德的一千个缝隙和隐藏之处找到同样的最高命令,群体恐惧的最高命令:"我们希望,有一天不再会有让人恐惧的东西了!"也许会有这么一天,今天在欧洲,通往那里的意志和道路,统统都被叫做"进步"。

202

那我们立刻再说一遍我们已经说过一百次的话:因为耳朵已经不喜欢听这样的真理,我们的真理。我们非常清楚,如果赤裸裸地,不用任何比喻地把人看作是动物,听起来会非常侮辱人。但这几乎是我们的责任,即当我们提到那些"现代思想"的人时,要不断地使用"动物群体""动物群体—本能"这样的字眼。这样有用吗?我们只能这样,因为这恰恰是我们的新观点。我们发现,在所有的主要判断方面,欧洲都是一致的,包括占主导地位的那些国家。在欧洲,人们清楚地知道苏格拉底自以为不知道的东西,以及那条著名的蛇要教导的东西——今天,人们"知道"什么是恶和善。很严酷也很不中听的是,我们总是坚持以下的看法:以为自己知道的东西、通过赞美和责备得以自我神化并自以为是善的东西,无非就是动物群体人的本能——这样的本能已经突破,占了上风并统治了其他本能,并且还在继续,通过生理上的越来越接近和相似,本能就是这些接近和相似的症状。今天在欧洲,道德是群体动物道德,但正如我们对事物的理解,这仅仅是人的道德的一种形式,除此之外,在之前和之后,会有许多其他的道德,特别是更高的道德可能会出现或应该出现。但这种群体动物道德用尽力气要抵御这样的"可能性"、这样的"应该出现"。它固执和无情地说道:"我就是道德本身,除此之外没有东西是道德!"是啊,它借助一种宗教的帮助,这种宗教服从于最崇高的群体动物欲念,并恭维这些欲念。如今,已经发展到了这种地步,即我们自己在政治和社会机构中找到了这一道德越来越清晰的表达:民主运动继承了基督教运动的衣钵。但这一运动的速度,对上面提到的那些更本能的更无耐心之人以及病人和有瘾之人来说,还是太慢和过于暮气了,可以证明这点的是:越来越疯狂的叫喊声。那些无政府主义群狗越来越不掩饰地咬牙切齿,这些狗现在在欧洲文化的小巷里游荡,看起来与那些和平而辛勤劳动的民主党人和革命的意识形态者不同,与那些浅薄的哲学家并主张团结的人更不同,这些人称自己为社会主义者,并且主张"自由社会",但实际上是与那些人完全一样,就是彻底和本能地反对不同于自治群体的社会形式（甚至拒绝主子和奴仆这样的概念），主张要不懈地反对每种特殊要求、特殊权利和特权（这就是说根本上反对所有的权利，因为如果大家都平等，就没有人需要更多的权利），主张怀疑惩罚的正义性（似乎这种正义性就是对弱智的强奸，是对所有过去的社会必要后果的非正义性），但同样也主张同情的宗教，要求人们对感受到、经历到、受到的痛苦有同感（朝下是对动物，朝上是对上帝，这种对上帝的同情居然放肆到也属于民主时代）。他们一致叫嚣要同情并且很不耐烦，他们对痛苦恨之入骨，他们像无能的女性那样作为旁观者，让别人受苦，同意非自愿的阴暗化和温柔化，在这样的路上，欧洲看起来受到新佛教的威胁。他们都相信一种让所有人都产生同情的道德，似乎这就是道德本身，是高度，是人达到的高度，是未来的希望，是当今的安慰剂，要求解除所有责任：总的说来就是相信团体就是解救者，也就是相信群体动物，相信自己……

203

我们这些拥有另一种信仰的人，对我们来说，民主运动不仅仅是政治组织的一种衰败形式，也作为人的衰败和渺小化形式，是人的平庸和价值低下的表现。那么哪里是我们的希望呢？只有把手伸向新的哲学家，没有其他选择；伸向那些精神大师，他们强大并有原动力，能给予我们进行相反价值评估的推动力,并要重估和颠倒"永恒价值";把手伸向走得超前的人、未来之人,这些人现在就把强制和难事连接在一起,也就是要强制几千年的意志走上新的轨道。要教会人们认识到,人的前途就是自己的意志,就是从属于人的意志,并要准备大胆和全面地进行驯服和培养试验,以结束那个由无知和偶然决定的可怕统治,这种统治迄今为止被称为历史,"最大数量"的废话仅仅是这一历史的最后形式。为此,到一定的时候,还需要新类型的哲学家和命令者,在这些人身上,一切在地球上出现过的被隐藏的可怕的和善意的精神,都会苍白并以缩小化的形式显示出来。这种指导者的图像在我们眼前晃动,你们这些自由的精神,我可以高声说出来吗?这些人的出现:一部分是创造,另一部分是充分利用;可以猜想的道路和试验,这些道路和试验是为了让灵魂达到高度并得到力量,以感觉到完成任务的必要性;价值的转换,在这一转换的新压力和铁锤下,良心会变硬,心会变成铁,以承受巨大的责任心。另一方面,是出现这类领袖的必要性,以及这些领袖可能不出现或会走错路或变质的可怕的危险,你们这些自由的精神——你们知道吗?这些才是我们真正的担心和渴念!这是高挂在我们生活天空的沉重和遥远的思想和雷雨。看到了、猜中了并感受到一个特殊的人突然脱离自己的轨道并变质,是一种切肤的痛苦。但那些拥有能看到全部危险的稀有眼睛之人,即看到"人"已经变质之人；那些像我们一样认识到巨大偶然性的人——这一偶然性迄今为止在有关人的前途方面玩游戏，玩一种没有手，没有"上帝的手指"参与的游戏！还有那些猜到灾难的人，看到"现代思想"愚蠢的好意和信任感中隐藏的灾难，更多的是在整个基督教欧洲道德中隐藏的灾难，所有这些人都会为一种担心而受苦，没有其他的担心能与此相比。他们一眼就看到，如果对力量和任务进行有力的汇聚和提高的话，还可以从人身上挖掘出什么东西。他们以良心的全部知识知道，人为了实现最大的可能性，还有许多东西没有挖掘出来，他们知道，人已经做出过哪些更神秘的决定和曾经站在哪些新的道路上。他们更知道，从最痛苦的回忆出发，迄今为止一个最高级别的成长之人会在哪些可怜的东西上分崩离析、停止、掉下来，变得可怜。人的这种全面变质，一直到变成被今天的社会主义笨蛋称呼是他们的"未来之人"，并以此作为他们的理想！人的这种变质和渺小化，一直到成为完全的群体动物（用他们的话来说，就是变成"自由社会"之人），人的这种动物化，即变成拥有同样权利和要求的矮小动物，毫无疑问是完全可能的！如果有人把这一可能性想到底的话，就会有一种新的恶心，当然也许还知道会有一个新使命！

第六章　我们这些学者

204

尽管面临以下危险，即道德化会暴露它的真面目，用巴尔扎克的话来说，就是有勇气袒露伤口，我仍斗胆反对一种不合理的、有害的等级变化，今天，这种变化正威胁要悄悄地、最心安理得地出现在科学和哲学中间。我的意思是，人们必须出于自己的经验——经验，我觉得，是不是总意味着不好的经验呢？——有权利对这样一个级别更高的问题发表自己的看法，这样就不会像颜色面前的盲人，或像反对科学的女人和艺术家那样说话（啊，可怕的科学！这些人的本能和羞耻心在叹气，科学总能找出结果！）。科学之人的独立声明、科学脱离哲学的解放，是民主的本质与捣乱更高级的后果之一。今天学者的自我赞美和自负欣欣向荣，处于最好的春天，但也许没有提及的是，也能闻到自我吹嘘的味道。"摆脱所有的主人"——平民的本能也需要这个。在科学成功地抵御了神学以后——科学已经做了太久神学的"奴婢"——科学狂妄自大和无知地要求给哲学制定规则,并要扮演"主人",唉,要我说,他们就是要扮演哲学家!我的记忆、一个科学之人的记忆,请允许我说,充满了傲慢的幼稚,我是听年轻的自然研究者和年老的医生谈到了哲学和哲学家的这些幼稚(更不用说学者中最有学问,也最自负的那些人,如语文学家和老师,这两类人都是因为职业而幼稚)。时而是那些专家和游手好闲之人本能地反对所有综合性的任务和能力;时而是那个勤奋的工人从哲学家的灵魂中闻到了缓解和高贵的气息,从而感到自己受到了伤害和被人忽视;时而是那些力争好处之人的色盲,这种人在哲学中看到的只是一系列被反驳的体系和白费力气,对任何人也"没有好处";时而是跳出来的恐惧,恐惧乔装打扮的神秘,恐惧纠正认识的边界;时而是一些哲学家的轻视,这一轻视不自觉地普遍变成了对哲学的轻视。终于,我最经常发现的是那些年轻学者对哲学表现出一种高傲的轻视,其原因是某一个哲学家的可怕影响,虽然人们总的说来宣布了要服从这个哲学家,但没有脱离这个哲学家对其他哲学家否定的价值判断,其结果就是对所有哲学的总体不满——在我看来,叔本华对最新德国的影响就是如此。他把他的非智慧的愤怒放到了黑格尔身上,让德国最近一代人同德国文化决裂,而那是考虑周到的文化,是历史意义的一个高度和预言式的高贵。而恰恰在这个问题上,叔本华创造力的贫瘠、无感觉和非德意志到了无以复加的地步——总的来说，很可能首先是人性、过于人性，简而言之就是更新的哲学家们表现出来的卑微，最彻底地破坏了人们对哲学的敬畏，并为平民的本能打开大门。但人们承认，赫拉克里特、柏拉图、恩佩多克勒这种类型的人，以及精神所有类型的宏大和高贵的隐士，在很大程度上已经脱离了我们这个现代世界，所以，面对哲学的这些代表人物——这些代表人物适应时髦，在德国上上下下都很流行——柏林的那两头狮子：无政府主义者欧根·图林以及实证主义和唯物主义的集合体的爱德华·冯·哈德曼，一个乖巧的科学之人——他们有权利感到自己是更好的类型，有更好的起源。那些混杂哲学家的样子是奇怪的，他们把自己称为是现实哲学家或"实证主义者"，他们能把一种危险的怀疑，扔进一个年轻的、具有功名心的学者的灵魂：在最好的情况下，这些人是学者和专家，人们要用两只手去抓住他们！那是些被克服的、被带回到科学管辖之下的人，这些人总愿意有一天拿出更多的东西，尽管他们对这个"更多的"东西和责任心没有任何权利；而现在他们诚实、愤怒，有很强的复仇心理，他们用言语和行动代表了对主人任务和哲学统治的不信任。最终：情况怎么可能不是这样呢！今天科学蒸蒸日上，而且一脸的心安理得，但另一方面，如果不说是嘲笑和同情的话，所有更新的哲学，也就是哲学在今天的剩余部分陷入的境地，造成了人们对哲学的怀疑和不信任。哲学减弱为"认识"，哲学真的不再是作为使人畏缩的时代论和克制理论，而是一门无法跨过门槛的哲学，并且尴尬地拒绝自己拥有走进去的权利。这是拥有最后生命迹象的哲学，是结束，是让人产生同情的临终痛苦。这样的哲学如何能统治？

205

今天哲学发展遇到的危险真的很多，以至于人们怀疑，这一果实是否还能成熟。科学的范围和高度迅速增长，与此同时，下面提到的可能性也会迅速增长，即作为学习者的哲学家会不会感到劳累，或在什么地方停住，并让自己专业化呢？如果这样，他就不再会达到他的高度，即不会拥有环顾四周的目光、全面的目光和往下的目光。或者就是他要到很晚才能达到他的高度，而这时他已经错过最好的时光，已经耗尽力量，或者是受到伤害，变得粗暴、变质，以至于他的目光、他全部的价值判断没有太多的意义了。也许，恰恰是他高贵的智性良心会让他在半路产生犹豫和延误。他担心那种能使他成为爱好者、千足虫、千触角的诱惑。他太知道，一个失去对自己敬畏的人，即使作为认识者也不能再发号施令，不再是领头人。这样他就不得不同意成为伟大的演员，成为哲学界的骗子和精神的捕鼠人，简而言之成为诱惑之人。这最终是品味的问题，如果不是什么良心问题的话。除此之外，还有使哲学家的困难加倍的东西，就是他不是通过科学,而是通过生命和生命价值,要求自己做出判断,做出肯定或否定。他很不情愿地学会相信,自己有做出这一判断的权利,甚至责任,但他必须只能从最广范围,也许是最困扰、最具破坏性的经历出发,他常常是犹豫的、怀疑的、沉默地寻找通往这种权利和信仰的道路。事实上,大众已经长时期地混淆和误解了哲学家,把他们看作是科学之人和理想的学者,或是宗教的、高级的、没有感官享乐的、"远离尘世"的上帝制造的狂热者和酒鬼。如果今天听到有人称赞某人,说他"智慧"地生活,或作为一个哲学家生活,这样的话已经几乎不再意味着"聪明和旁观"。智慧对平民来说是某种类型的逃离,是从一个可怕的游戏中跳脱出来的手段和本领。但真正的哲学家——在我们看来,是不是,我的朋友们——生活得"非哲学"和"非智慧",特别是不聪明。不是吗?真正的哲学家感觉到进行生命几百次试验和尝试所需的负担和责任:他不断地冒险,他在玩可怕的游戏……

206

与天才相比——天才就是要么制造人,要么生育人,制造和生育这两个字都是最广义的意思——学者、科学的普通人之身上总有某种老处女的东西,因为他们同老处女一样,不理解人的以上这两个最有价值的作用。事实上,人们承认要对学者和老处女予以尊重,以补偿他们。这里,人们强调的是尊重。但因为人们是被迫做出这种让步的,所以也会感到不快。让我们再看仔细一点,什么是科学之人?首先是一种非高贵类型之人,拥有一种非高贵的美德,也就是不想统治、不重权威和也不自我满足的人的美德。他很勤劳,耐心地认可自己的位置,在能力和要求上具有一贯性又很有节制,他对与他一样的人以及和那些人所需要的东西都怀有本能,例如一点独立和绿草地,没有这些他就无法安宁地工作,还有他对荣誉和被承认的需求(最先和最高的认知,以被人认知为前提),需要闪闪发亮的好名声,需要人们不断地肯定他的价值和他的用处,以这种肯定来克服内心的怀疑,克服所有不独立之人和群体动物(人)的内心。学者当然也有某种非高贵类型的疾病和变态。他有很多小嫉妒心,并对有些人——他无法登上那些人的高度——的低微之处非常警惕。他很亲切,但仅仅像一个可以被推着走,但不会被人推进风暴的人。恰恰在大风暴之人面前,他表现得更为冷酷和更难以接近,这时,他的目光就像一个很平静、令人厌恶的湖,在湖面上看不到一点动静,看不到一点同感的涟漪。一个学者之所以能去做最糟和最危险的事情,是因为他那种类型人的平庸本能,那种平庸的耶稣学派,这种学派本能地去消灭不平常之人,并企图打破每个被绷紧的弓或更愿意试图放松它。放松即是小心翼翼的——当然是用非常温柔的手,用亲切的同情来放松。这是耶稣学派的真正艺术，这一学派一直明白：自己要作为一种同情的宗教来得以推广。

207

不管人们如何感激客观精神——没有人对所有主观的东西，以及受人诅咒的自我状态不恨得要死！——但最终人们要学会小心对待这种感激之情，并学会阻止过分感激。近来，就是通过这样的过分，精神的这种非自我化和非个人化，也就是作为对自己的目标，作为解脱和神化受到欢迎，如在悲观主义者学派内部经常发生的那样，这种学派也确实有很好的理由给予"无益处的认识"最高荣誉。不再诅咒和咒骂的客观之人——很像悲观主义者、理想的学者——在他身上，科学本能在几千次的全部失败和一半失败后会发扬光大，这样的人肯定是现有的最宝贵的工具之一。但这样的学者属于更强大的人之手。他仅仅是一个工具，我们可以说，他是一面镜子，他不是"自我目的"。客观之人事实上就是一面镜子，特别是他习惯服从他想要认识的东西，没有其他的兴趣，只要认识和"反射"。他等着某种东西出现，温柔地朝那个方向准备，在他的身体和皮肤上，精神本质最轻盈的脚步和每一个走过的瞬间都不会被错过。他只是偶尔会想他身上还剩多少"个人"的东西，常常是随意的念头，更经常的是这样的念头会起干扰作用：他已经成为陌生人和事件的通道和反照。他努力地去想自己，不乏犯错。他容易混淆自己。在有关自己的生计方面，他也是胡来，很不细腻，很疏忽。也许健康、女人、朋友的小心眼和窒息的空气会折磨他，或者是他缺乏伴侣和社交，是的，他强迫自己去思考他的痛苦：无济于事！他的想法早已飘到那些更普通的事上，他对如何帮助自己这件事，明天的想法犹如昨天的想法。他失去了对自己的严肃，也失去了时间。他兴高采烈，不是因为缺乏苦难，而是缺乏对自己苦难的了解和控制。他习惯地迎合每种事物和经历，他以温暖的和没有节制的好客接受一切他遇到的东西。他的那种毫无顾忌的好心，那种对危险的无所谓，是的，甚至还会出现他必然丧失他的美德的情况！作为人，他太容易成为这些美德的垃圾。如果人们想得到他的爱和恨，我指的是如上帝、女人和动物理解的爱和恨，他会做能做的一切，并给予他可以给予的一切。但如果他给予的不是很多，如果他恰恰在这个时候表现得不诚实、脆弱、奇怪和无力，人们也不应该吃惊。他的爱是别人要求的，他的恨是做作的，更多的是一种绝技，一种小小的虚荣和夸张。只有当他自己是客观的时候，他才是真实的，只有在他成为快乐的整体时，他尚还"自然"，也表现得自然。他的反射以及不断抚平的灵魂不会再去肯定，不会再去否认，不会命令，也不会破坏。"我几乎什么也不害怕"，用莱布尼茨的话来说就是：千万不要听不到和低估这个"几乎"！他也不是榜样,他没有比任何人走在前面和后面,他就是离大家都很远,似乎他有理由在善与恶之间采取立场。如果我们长期把他同哲学家混淆,同恺撒式的驯服他人者和使用暴力的人混淆,人们就给予了他太高的荣誉,而忽视了他身上最本质的东西。他是一个工具,一个奴隶,而且还是最高尚的奴隶,但自己本身没有什么东西,自己几乎也不是什么东西!客观之人是一个工具,一个珍贵的工具,是容易损坏和阴森的测量工具,是一面应该受到保护和尊重的镜子艺术品。但他不是目标,不是出口和入口,不是完成之人,在完成之人身上,剩余的生存会自己为自己辩护。他没有结论,更不像是个开始,不是诞生,不是第一个原因,他不拥有厉害的、强大的、关注自己并想成为主人的东西,更多地仅仅是一个温柔的、被吹大的、能优雅运动的锅的造型,这个锅必须先等待内容和含量,然后再根据这些东西来"塑造"自己。一般来说,就是一个没有内容和内涵的人,一个"没有自我"之人,顺便说一声,当然他也不能给女人任何东西。

208

如果今天有一个哲学家表示,他自己不是怀疑论者——我希望,人们能够从上面对客观精神的描绘中听出这点!——全世界都不会喜欢听到这点。人们望着他,带点羞怯,人们想问许多问题,许多问题……是的,那些可怕的倾听者,现在确实有很多这样的人认为他是危险的。对他们来说,似乎在哲学家拒绝怀疑时,他们仿佛听到远处传来的一种具有威胁性的声响,似乎有一个地方在试验炸药,拒绝怀疑就像一种精神的火药,也许是新发现的俄国虚无主义,一种善意的悲观主义,这种主义不仅说不,要贯彻不,而且,太可怕了!还要付诸行动。现在,如大家所承认的那样,没有比怀疑,比温柔得让人昏昏入睡的罂粟——怀疑,更好的安眠药和镇静剂了,以对付这种类型的"好意志",即对生命真正否定的意志。现在的医生也会要求哈姆雷特放下"精神"和他的混乱。怀疑论者,热爱安宁的朋友,几乎是一种类型的安全警察,他们都会说:"难道我们所有人的耳朵不都充斥了可怕的声响吗?"这种地下的"不"很吓人!安静下来吧,你们这些悲观的田鼠!因为怀疑论者,这些温柔的人,太容易感到害怕,他们的良心经过训练,要在每一个"不"字的前面,甚至在每一个坚定的不可动摇的"是"面前抽搐,他们会感觉到自己被咬了一口。是或不是!两者都违反他们的道德,相反,他们想以高贵的克制给他们的美德办一个节日,用孟德斯鸠的话说就是:"我知道什么?"用苏格拉底的话说就是"我知道,我什么也不知道",或"在这里我不信任我自己,在这里没有门为我打开",或"假设,门开了,为什么要马上进去?"或者是"所有过早的假设有什么用?不做任何假设很容易就属于好品味。难道你们必须把弯的东西马上弄直吗？要把任何一个洞都用麻线补上吗？不是有时间吗？难道时间没有时间吗？你们这些鬼家伙，你们难道不能等吗？就是不确切的东西也有其魅力，就是斯芬克斯也是妖精，就是妖精也是一个女哲学家"。这就是一个怀疑论者的自我安慰，他确实需要一些安慰，因为怀疑就是某种生理本质最精神的体现，在百姓的嘴里，这种特质就是精神衰弱和病态。长期被割裂的种族或等级以一种决定性和突然的方式出现交叉，就会出现这种特质。同时，继承各种内容和价值的新一代人，在他们身上所有的一切都是不安、破坏、怀疑、试验，最好的力量也起阻碍作用，美德相互阻碍、成长并竭力不让对方强大，身体和灵魂都缺少平衡、重心和垂直能力。但在这种混合物中，病态最深和变质的东西就是意志，他们不再知道什么是做决定的独立性，在他们的意愿中也没有勇敢的快感，他们就是在梦境里也会怀疑"意志的自由"。今天我们的欧洲，是激进的等级和种族混合进行无意义和突然试验的地方，所以人们就对一切高度和深度产生怀疑，时而以不断变化的怀疑、不耐烦和贪婪从一根树枝跳到另一根树枝，时而又阴沉得像一块带上问号的云彩，而且厌烦意志厌烦得要死！意志麻木：今天在哪里找不到这样的残疾人！而且常常带妆！化妆得非常诱惑人！他们为这一疾病准备了最华丽的服装和谎言的外衣。例如今天把自己称为"客观性""科学性""为艺术而艺术""纯粹的、无意志的认识"的人,他们中的大多数仅仅是乔装打扮的怀疑之人和意志麻痹之人,我承认欧洲疾病的这一诊断。意志的疾病不均匀地笼罩在欧洲,但在文化已经长久落户的地方,这一疾病最为厉害,也最具有多重性。但它在身穿不雅服装的"野蛮人对西方国家教育"提出或重新提出自己权利的地方,就会消失。所以在今天的法国,意志的疾病最为严重,这一点最容易看到,几乎是不言而喻。法国历来具有了不起的能力,能把充满灾难的精神变化变得具有魅力和诱惑力,今天法国已经成为怀疑学派和怀疑者显示各种怀疑魅力的场所,表现了高于欧洲之上的文化优势。要求力量,也就是想要长久地拥有一个意志,在德国更为强烈,德国北部要强于德国中部,英国、西班牙和科西嘉则更要强烈。德国是同冷漠联系在一起,而这些地方和坚强的大脑联系在一起。至于意大利就不用提了,这个国家过于年轻,所以还不知道自己要什么,还必须先证明它是否确实有需要。但最为强大和令人吃惊的是在那个巨大的中间地带,也就是欧洲和亚洲接壤的地方,即俄国。在那里很长时间人们忽略了需要力量的愿望,并把这种愿望存储起来。在俄国,意志在等待,不知道是否定的意志还是肯定的意志,意志以一种具有威胁性的方式等待被释放,这是从今天的物理学家那里借用的格言。欧洲不仅需要印度的战事以及亚洲的冲突,以逃脱最大的危险,欧洲还需要内部的崩溃,需要把帝国分成小国,特别是引进国会这种愚蠢的东西，此外还要求每个人有责任在吃早饭的时候读报纸。我说这些，不是说我希望发生这样的事情，对我来说，这些事情的反面更符合我心意。我是指，俄国越来越增长的威胁，促使欧洲必须痛下决心，变得具有威胁性，也就是欧洲要有意志，欧洲要通过一个新的统治欧洲的种姓，得到一个长期的、厉害的、自己的意志，这种意志能设立几千年的目标，这样才可以结束欧洲小国长时间形成的喜剧，以及其充满活力和民主的良好意愿。小政治的时代过去了，下一世纪会带来争夺大地统治权的斗争，会强迫人们去搞大政治。

209

我们欧洲人明显已经进入新的战争时代，这一新的战争时代在何种程度上也许会有利于另外一种更强怀疑的发展呢？对此我暂时只想通过一个比喻来表达我的看法，了解德国历史的朋友们会理解这一比喻。那位毫不掩饰喜欢漂亮高大的步兵之人，他作为普鲁士国王，给予一个军事和怀疑天才生存空间——也就是给予蒸蒸日上的新类型的德国人以生存空间。这位可疑和很棒的父亲——腓特列大帝在一点上拥有天才的把柄和幸福的手爪：他知道当时的德国缺少什么，以及缺少什么东西会让人感到百倍的恐惧和紧迫感，比如缺乏教育和社会形式。他对年轻腓特列的不满，源自很深的本能产生的恐惧。缺少男人气概！他极其痛苦地怀疑，他自己的儿子是不是不够男人。在这个问题上，他自己骗自己。不过谁遇到这个问题会不自己骗自己呢？他看到自己的儿子沉溺于无神论，沉溺于风趣，沉溺于富有思想和爱享受的法国人的无忧无虑。他在后面的背景里，看到伟大的女吸血鬼、怀疑的蜘蛛，他猜疑一颗心得了不可治愈的毛病，这颗心无论是对恶还是对善都不够坚定。他看到一个被破坏的意志，这一意志不再命令，也已经不能命令。但这期间，他儿子身上出现了更危险、更顽固的怀疑，谁知道是不是因为父亲的恨和一个变得孤独的意志所产生的强烈伤感造成了这点呢？——这是鲁莽男性的怀疑，这种怀疑与向往战争和向往征服的天才最相近。这种怀疑通过腓特烈，开始向德国进军。这一怀疑轻视人们，尽管如此还把人拉到自己身边，这一怀疑破坏和占有，它不相信，但它也不会迷失，它给予精神以危险的自由，但让心保持严厉。这是德国的怀疑形式，是一个继续存在并提高到最精神的腓特烈主义，在一段时间里，这一主义把欧洲带入德国精神的统治底下，带入德国精神具有批判及历史性怀疑的统治底下。多亏了伟大的语文学家和历史批判者的非强迫的、强大和坚韧的男性气概——正确地看，所有这些人也是破坏和瓦解的艺术家——渐渐地，尽管有音乐和哲学的浪漫性，还是形成了德国精神的一个新概念，在这个概念中，男性怀疑的特点尤为特出：例如，目光的毫无畏惧性、能锯断东西的手表现出来的勇敢性和硬度，参加充满危险的发现旅行，在荒凉和危险的天空下，去往精神性北极考察的坚韧意志。如果那些温暖的和表面的人性之人在这一精神面前画十字，称这一精神为米什莱①号称的宿命式的、讽刺性和梅菲斯特般的精神，他们这么做不是没有理由，当然也不是不乏恐惧。但如果人们想要感受，面对德国精神中的这个"男人"所产生的恐惧有多精彩——通过这个男人，欧洲在"它的教条主义的瞌睡中"被唤醒——那人们应该回忆起过去的那个概念，这一概念当时不得不与德国一起被克服。就在不久以前，一个男性化的女人敢于放肆地把德国人看作温柔、好心、缺乏意志和喜欢诗作的笨蛋，并建议获得欧洲的同情。终于人们可以理解当拿破仑看到歌德时所表现出来的惊讶了：这一点也暴露了几千年人们在"德意志精神"下想象的东西。拿破仑说"这是一个人！"这句话的意思是："这是一个男人，而我以为会见到一个德国人。"

210

假设，在未来哲学家的图像中有一个特点可猜的话，那就是他们也许——从上面暗示的意义来看——不一定非是怀疑主义者，而这只说明了他们身上的某种东西，

---

① 十八世纪法国历史学家。

而不是他们。他们有同样的权利可以让别人称呼自己为批评家，他们肯定也是试验之人。我敢于给他们命名，从而就强调了试验以及对这一试验的兴趣：我之所以这样做，是因为他们作为对身体和灵魂的批评家会喜欢在一种新的、也许更广泛、也许更危险的意义上利用试验？难道他们出于对知识的热情必须继续大胆和痛苦的试验，就像百年善良的民主和温柔的品味所希望的那样？毫无疑问：这些未来之人最不可能放弃那些严肃和毫无疑虑的特点，这些特点会让批评家区别于怀疑者，我指的是价值尺度的可靠性、自觉地使用统一方法、敏捷的勇气、独行和能自我负责的特点。是的，他们承认自己有说"不"和分割的乐趣，以及某种谨慎的残酷性，这种残酷性懂得如何安全和高级地使用刀，当心流血的时候，也会如此。他们会变得坚硬（也许不仅仅永远针对自己），就像人道之人希望的那样。他们不会去探究真理，不会被真理喜欢和提高，并感到"激动"，而是他们的信仰会变得如此之少，恰好能让真理给他们带来感受的乐趣。这些严格的精神大师，他们会微笑，如果有一个人在他们面前说"那种思想提升我：它怎么会不是真的呢？"或者说："那部作品让我高兴，它怎么会不美呢？"或者说："那个艺术家让我伟大：他怎么会不伟大呢？"他们也许不仅仅会微笑，还会面对类似这样狂热的东西，面对理想主义、女权主义和雌雄共体的东西产生一种恶心。而那些能追随到他们隐秘之心的人，很难在那里看到下列目标，即让"基督教感受"同"古希腊品味"，甚至同"现代议会制"和谐共处（而这样的和谐共处在我们这个非常不安定、从而也易和解的一百年一直存在，甚至在哲学家身上也会出现）。批判性地培养自己和养成促使精神事物纯洁并严格的习惯，未来哲学家不仅要求自己拥有这些东西，他们甚至可以像展示自己的首饰那样展示它们。尽管如此，他们不愿称呼自己为批评家。如果人们宣布，正如今天容易发生的那样，"哲学本身就是批评和批评科学，除此之外什么也不是！"那么对未来的哲学家来说，这意味着哲学受到不小的耻辱。即使对哲学的这一价值评估受到了法国和德国所有实证主义者的欢呼（很有可能，这也会让康德的心和品味感到受宠），尽管如此，我们的新哲学家还是会说：批评家是哲学家的工具，正因为如此，作为工具，还远远不是哲学家！就是哥尼斯堡的那个伟大的中国人也仅仅只是一个伟大的批评家。

211

我坚持认为，人们终于会停止把哲学劳动者以及所有的科学之人同哲学家混淆，恰恰在这个问题上，人们应该严格地按照"每个人都得到自己应得的那份"的原则，不要给这些人多，给那些人少。也许为了培养真正的哲学家，有必要让他自己也站在所有这些阶梯上，包括他的仆人、从事哲学科学的劳动者站着的位置，他必须能够站在所有这些位置。也许他自己必须也是批评家、怀疑者、教条主义者、历史学家，此外还是诗人、收藏家、旅行者、猜谜人、道德学家、预言家和"自由精神"以及几乎所有的东西，以便了解人的价值和价值感觉，并用许多眼睛和良心，从高处望远处，从深处往高处，从一个角度出发看每个辽阔。但所有这些仅仅是完成他的任务的先决条件，任务本身则有别的目的。任务要求哲学家要创造价值。按照康德和黑格尔高贵模式制造出来的那些哲学劳动者拥有很大一部分价值判断，也就是过去的价值定位和价值获得——这些东西已经占主导地位，并在一段时间被称为真理，要把这些东西确定下来并把它们变成公式，不管是在逻辑王国或在政治（道德）领域或艺术王国。这些研究者关注的是，是否可以让所有过去发生的和看重的东西变得清晰、理解、掌握和可用，是否能缩短所有长久的东西，是的，也就是"时间"本身，并征服所有的过去，这是巨大和神奇的任务，每一种高贵的骄傲、每一种坚韧的意志都会通过完成这一任务获得满足。但真正的哲学家是命令者和立法者，他们说："就应该这样！"他们首先决定去哪里，以及去那里的目的。在这方面他们拥有所有哲学劳动者、所有过去的征服者所获得的工作成果，他们用创造性的手指向未来。而现在和过去的一切会成为他们的手段、工具和大锤。他们的"认识"是创造，他们的创造是一种立法，是他们追求真理的意志，是强力意志。今天有这样的哲学家吗？曾经有过这样的哲学家吗？难道不是应该有这样的哲学家吗？

212

我越来越觉得，哲学家作为明天和后天的必要之人，任何时候都会同自己的今天发生矛盾，而且一定会是这样：他的敌人每次都是今天的理想。迄今为止人们称之为哲学家的这些人，都是特殊的促进他人的人，他们很少把自己看作是智慧的朋友，更多的是感觉自己是令人不舒服的傻子和可怕的问号。这些哲学家的任务，是艰巨的、非情愿的、不可拒绝的。现在，他们终于找到了他们任务的伟大性，即他们就是他们时代的坏良心。他们通过用刀子对准时代美德的胸口，暴露了他们自己的秘密，即他们是为了了解人的新的伟大，是为了找到一条提高人的从未走过的新路。每次他们都会揭示，在当代道德性鼓吹的那个最值得尊敬的典型身上隐藏着多少虚伪、舒服、自甘堕落和自甘沉沦，以及究竟有多少美德存活了下来。每次他们都说："我们必须去那里，出去，到你们今天最不熟悉的地方。"面对"现代思想"的一个世界——这一世界要让每一个人进入一个"角落"和获得一种"专长"——一个哲学家，如果今天还有哲学家的话，将被迫把人的伟大，把伟大这个概念放入其范围和多重性中，放入许多东西的"全部"中。他甚至要按照下面的标准去决定一个人的价值和地位，即一个人可以承担和负责多少，一个人可以承担多大的责任心。今天的时代品味和时代美德削弱并减少了意志，没有东西比软弱的意志更符合时代了，也就是说，哲学家的理想恰恰就是要把意志的强大，把做出长期决定的坚韧性和能力放到"伟大"这一概念中去，而这一概念现在作为被颠倒的教诲和一种甘愿放弃、低声下气和忘我的人性理想，倒是完全符合一个颠倒的时代。这一时代就像十六世纪，被积压的意志能量、利己主义最野性的水域和风暴所折磨。在苏格拉底那个年代，在本能开始疲倦的人当中，在甘于随心所欲活着的普通的雅典人当中——他们说的是"为了幸福"，而他们做的是为了"享受"——他们嘴里仍然说着古老的华丽词语，尽管他们的生活已经不给他们说这些话的权利。也许，反讽也必属于灵魂的伟大，以保障口出狂言的那个老医生和平民的安全，他毫不留情地朝自己的肉里割去，朝"高贵的"肉和心割去，他的目光以充满理解的态度说道："不要在我面前装傻！在这里，我们都一样！"今天则相反，在欧洲，只有群体动物获得尊敬并分配尊敬。在这里，"权利均等"太容易变为不正当的均等。我想表达的是，大家共同获得一切稀有之物、陌生之物，获得特权、获得更高的人、更高的灵魂、更高的义务、更高的责任、更高的创造性力量和统治，在今天，这些被视为高贵。那么，为自己着想、成为别的样子、孤军奋战和靠自己的力量生活，就必然只能属于"伟大"这个概念。事实上，哲学家会泄露他自己理想的一部分，比如他提出："一个能最孤独、最隐藏、最与众不同并站在善与恶的彼岸之人，是最伟大的人，他是他的美德的主人，是可以传递意志的人，这应该叫伟大，比全部更多，比完整还要完整。"今天，还要再问一次：今天，有可能实现伟大吗？

213

哲学家是什么，这很难学，因为无法教。人们必须知道这点，可以是出于经验了解这一点，不然就是出于骄傲不想知道答案。但今天全世界都在谈论他们自己毫无经验的东西，这一点最经常也最糟地适用哲学家和哲学界的状态，只有很少的人了解他们、可以了解他们，而所有对他们的流行看法都是错误的。例如有一种勇敢和放松的精神性，这种精神性速度很快，还有一种辩证法的严格和不允许犯错的必要性，这两者有一种真正哲学意义上连接。大多数思考者和学者出于他们的经验对这一点都不熟悉，所以如果有人在他们面前谈到这点，他们会表示怀疑。他们把每种必要性都想象为是困境，是尴尬的必须服从和被迫性。而思考本身对他们来说也是某种很慢的、犹犹豫豫的东西，几乎是磨难并常常被看作是"高贵价值的汗水"，完全不被看作轻松的、具有神性的，像舞蹈、放纵和最亲近的东西！"思考"和"严肃对待一件事"及"认真对待一件事"，对他们来说都一样，他们也都"经历"了。艺术家在这方面可能有更好的鉴别力，他们太明白，只有在他们不能"随心所欲"，而是要做一切必要的事情时，他们的自由、高尚、权力、创造性工作、拥有和塑造才会达到高度，简而言之就是在他们那里，必要性和"意志自由"是一个东西。还有一种灵魂状态的等级顺序，这种状态对应着问题的等级顺序。最高的问题会一视同仁地让每个敢于接近问题的人往后退，如果他不是通过其精神性的高度和力度注定要解决这些问题的话。而了解世界的灵活之人或迟钝和乖巧的机械工和经验主义者——如今天经常发生的那样——以他们平民的功名心千方百计挤到这些问题的旁边，挤到"宫殿的宫殿"的旁边，又有什么用呢！那些粗脚不能踏上这样的地毯，事物的原始法则已经规定了这点。对那些急于进来的人，大门是紧闭的，不管他们如何用头去撞击并把头撞破！进入高级世界的人必须是天生的，更确切地说，这样的人是为这样的世界所培养的。从大的意义上来看这个问题，从事哲学的权利只有靠自己的出生、前辈、血液才能决定。许多代人要为哲学家的诞生做准备工作。他的每一个美德都要去获得、维护、继承并成为自己的东西，不仅是他的思想的温柔和轻盈勇敢的脚步，特别是他愿意承担伟大的责任，拥有占统治地位的目光和往下看的目光，那种能同大众和大众义务分开的感觉,对被误解和被侮辱的东西的诚心诚意的保护和辩护,不管是上帝还是魔鬼,对伟大正义的醉心和实践,拥有命令艺术必要的宽阔意志、缓慢的目光,这一目光很少欣赏,很少往上看,很少爱……

第七章　我们的美德

214

我们的美德？很可能我们尚拥有自己的美德，是否这些美德恰恰是忠诚且宏大的美德呢？我们就是因为这样的美德，尊敬我们的爷爷辈，当然也与其保持一点距离。我们这些后天的欧洲人，二十世纪最初的人，我们拥有危险的好奇心、多样化和伪装艺术，我们的精神和五官拥有松软和不乏甜蜜的残忍性。如果我们应该拥有美德，我们也许只想拥有如下的美德，即这些美德能学会同我们最秘密和最心爱的倾向、同我们最热切的要求最好地相处，好，就让我们在我们的迷宫里去寻找这些东西吧！在寻找的过程中，正如我们所知道的那样，有些东西会失去，而且会永远丢失。难道还有比追求自己的美德更美好的事情吗？这几乎就意味着相信自己的美德！但"相信自己的美德"在本质上不就是人们更喜欢称为"好良心"的东西吗，也就是那条令人尊重、又长又黑的概念的辫子，爷爷们的后脑勺不就挂着这样的辫子吗？当然也经常挂在他们的理性后面。这么看起来，尽管我们平时认为自己并不老套，也不像爷爷辈那般令人尊敬，但在这点上我们仍然是爷爷那一辈值得尊敬的子孙，我们这些拥有好良心的最后的欧洲人：我们也有我们的辫子。啊，如果你们知道，很快，很快就会不一样了！……

215

正如在星辰的国度里有两个太阳，这两个太阳决定一个行星的轨道，正如在某种情况下，不同颜色的太阳围绕唯一的一个行星发光，有时是红光，有时是绿光，然后是红光和绿光同时发光，变成彩色。同样，我们这些现代人，借助于我们"星空"的复杂技术，由不同道德所决定。我们的行为会以不同的颜色交替出现，这些行为很少是单义的。常常还会出现我们自己制造色彩的行为。

216

爱自己的敌人？我想，人们已经学会了这点，今天这种事情已经屡见不鲜，无论在大事和小事上，甚至已经出现在更高级和更高雅的事情上。当我们爱的时候，我们学会了如何轻视，而且恰恰是在我们爱得最深的时候。但所有这一切都是无意识的，无声响，不奢华，只拥有善良的羞愧和隐藏，这种善良禁止我们的嘴巴说出神圣的字眼和美德套话。今天，作为姿态的道德违背了我们的品味。这也是一个进步：正如我们父辈的那个进步，即他们终于利用作为姿态的宗教反对品味，包括对宗教的敌意以及伏尔泰对宗教的无情（以及所有当时属于自由精神的手势语言的东西）。那是我们良心中的音乐，我们精神上的舞蹈。所有清教徒的文字，所有道德的宣教和庸人们对此都保持沉默。

217

要警惕那些人，这些人非常重视以下一点，即人们要相信他们在区分道德时所表现出来的道德灵敏性和高雅性！如果他们有一天在我们面前行为不当（或甚至在我们身上），他们永远不会宽恕我们，他们不可避免地会出自本能诬蔑和损害我们，即使他们仍然是我们的"朋友"。容易遗忘之人值得祝福，因为他们会处理好他们自己的愚蠢。

218

法国的心理学家——今天究竟在何处还有心理学家呢？这些法国的心理学家在愚蠢的资产阶级身上还没有

尝够充满苦涩的多种享受,似乎……够了,他们由此也暴露了某种东西。例如福楼拜,鲁昂的那个好市民,他看到、听到和品尝到的也只是这些东西,这是他的自我折磨,也是他在对自己采取更残酷的方式。现在,我提议,为了有所变化——因为老这样下去会很无聊,用另外一样东西来使自己开心,那就是不自觉的狡猾,所有乖巧、厉害的平庸精神都以这种狡猾来对付更高的精神和任务。那是种玩闹式的耶稣派的狡猾,这种狡猾好过中产阶层最好状态时的理性和品味,甚至要比其牺牲品的理性更好。这再一次证明了,在所有迄今为止发现的各种智力形式中,本能最智慧。简而言之,你们这些心理学家要在同例外的斗争中学习常规哲学,这样你们就拥有一部戏,这部戏足以表现神和神的凶恶!或者,可以更清楚地说:你们可以对"好人",对你们这些"具有善意和良好意愿的人,对你们自己"进行解剖!

219

道德判断和道德谴责是那些精神狭隘之人喜欢对那些不那么狭隘的人做的复仇行为,他们将此作为某种类型的损失补偿,他们没有得到自然的关照,现在他们终于有机会得到精神并变得高雅,他们终于把恶意精神化了。他们心里觉得好舒服,因为终于有了一个衡量的尺度,使那些精神上充满内容和特权的人,在这一尺度面前终于与他们平等——他们为在上帝面前人人平等而战,为此几乎还需要对上帝的信仰。他们中间有最有力的反无神论者,如果有人对他们说,"一种很高的精神性是无法同一个纯粹道德之人的勇敢以及受到的尊重进行比较的",这会使他们勃然大怒——我会避免这么做。我会更多地用我的话去向他们献媚,我的话就是:高度精神性只作为道德品质最后的怪物得以存在,这种精神性是所有那些状态的综合,对那些仅仅是道德的人而言,是道德之人通过长期训练和培养,也许是在几代人的锁链下获得的。高度精神性就是正义性和严格性的精神化,这一严格性知道自己的任务就是维持世界的等级制度、事物的等级制度,而不仅仅是人与人之间的等级制度。

220

现在百姓对自己不感兴趣的东西大力称赞,在这种情况下,人们必须——也许不乏危险——要让自己意识到,老百姓究竟对什么感兴趣,以及普通人彻底和深深关注的东西究竟是什么,包括上过学的人,甚至学者,如果没有搞错的话,还几乎包括哲学家。在这个过程中,就会显现以下事实,在普通人看来,几乎所有更高级和更受宠爱的品味、让每种更高级本质感兴趣并受到刺激的东西,他们都觉得完全"没有意思"。尽管如此,如果他惊讶地发现了自己也被深深吸引,他就会称这种吸引为"无趣",并奇怪,怎么能"无趣"地行动呢?曾经有过这样的哲学家,他们不让老百姓看到赤裸裸和特别廉价的真相,而是赋予老百姓的这一惊讶一种具有诱惑力和神秘的彼岸表达(也许是因为他们从自身的经验出发不了解更高的本质?)即"不感兴趣"的行为是一种很有意思和使人感兴趣的行为,前提是……"那爱情呢?"难道出于爱的行为也应该是"不自私"的吗?你们这些傻瓜!"那牺牲者的赞赏呢?"但那些真的做出过牺牲的人知道,这么做是为了什么和得到什么,也许献出自己的某些东西,是为了使自己得到某些东西,他在这里献出是为了在别处得到更多的东西,也许就是使自己感觉更丰富,或者就是自己比别人丰富。但这是问题和回答的王国,在这一王国中,一个更被宠坏的精神不愿多待。如果真理必须回答,真理就太有必要去压制自己的瞌睡了。再说,真理还是一个女人,不能对她动武。

221

会发生如下的情况:一个拘泥道德和小事的人说,我崇拜一个不谋私利的人并要奖励他,但不是因为那个人不谋私利,而是在我看来,他看上去有权利通过牺牲自己的利益使另一个人获利。行了,问题永远是,他是谁和另一个人是谁。例如,在那个注定是要发号施令的人身上,自我污蔑和谦虚的低调不是一种美德,而是对美德的浪费，我的看法就是这样。每种不自私的道德，每种一定要显露出来并要求每个人都拥有的道德，其罪恶不仅是违背品味，而且还鼓励人们去犯那些还没有犯的罪孽，同时，也是藏在人的友好面具后面的一种诱惑，恰恰就是要诱惑和破坏更高级、更稀有和更有特权的东西。人们必须强迫道德首先在等级制度面前弯腰，人们必须要让道德看到干涉良心的无理，一直到道德本身弄清楚是怎么回事。"对一个人来说是很好的事，对另一个人也合理"的说法非常不道德。当我的拘泥道德者和庸人如此提醒道德要成为道德性的时候，他是否该受到人们的嘲笑呢？但如果人们要让那些嘲笑的人站在自己一边的话，是不是有点过分呢？承认一点错倒反而是好品味。

222

今天，凡是宣扬同情心的地方，如果没有听错，肯定不会再歌颂其他宗教了。但愿心理学家打开自己的耳朵：通过这些鼓吹者（如同所有鼓吹者）发出的噪音，心理学家会听到自我轻视发出的一个沙哑、呻吟和抱怨的声音。这种自我轻视属于欧洲的阴暗化和仇恨化，现在这些东西已经增长了一个世纪（其最初的症状已经在加里安尼致德·皮纳夫人①的一封信里,像文件那样得到保留),但愿这种自我轻视不是他们通信的原因!"现代思想"之人,这个骄傲的猴子,不可遏制地对自己感到不满意,这一点是确定的。他在受苦:他的虚荣心希望,他只是对别人的受苦抱有同情心……

223

欧洲的混合之人——一个还过得去的可憎的平民——总的说来是需要一套礼服。他需要历史作为礼服的储存室。当然,同时他也发现,没有一件礼服是合身的,他要不断地换礼服。人们要看看十九世纪是如何迅速地喜爱和调换那些风格面具的,同时,也要通过"找不到合适礼服"的绝望瞬间看到十九世纪。无论是浪漫主义、古典主义或基督教主义还是佛罗伦萨、巴洛克或"民族主义",所有的主义都没用,都"不合身"!但精神,特别是历史精神在这一绝望中也看到它的好处,不断地把过去和外国的东西进行试穿、修改、放下、包起来,特别是进行研究。在礼服这件事情上,我们是第一个被研究过的时代,我指的是研究道德、信仰之物、艺术品位和宗教的第一时代,去参加盛大狂欢节比任何时代都准备得好。这成为最精神的笑声和放纵,变成了一桩最高

---

① 十八世纪法国著名的沙龙女主人。

傻事，达到了阿里斯托芬式嘲笑世界的先验高度。也许，我们在这里就是要发现我们的创造王国，在那个王国，我们依然能很独特，例如作为世界历史的模仿者和上帝的丑角。今天，也许没有东西具有未来，但恰恰是我们的笑声还有未来。

224

历史感（或者是一种很快就能猜出价值观高低之分的能力——人民、社会和个人曾按照这些价值评估生活——，也就是对这些价值判断的关系、对价值权威与有效力量的权威之间的关系有预见性的本能），我们欧洲人把这种历史感看作是我们的特点，我们是在追随神奇和精彩的半野蛮过程中获得的这种历史感，欧洲是通过等级和种族的民主混合陷入这种半野蛮状态的。一直到十九世纪，欧洲人才获得这种历史感，并把它看作是第六感官。过去的每种形式和生活方式，过去的艰难并存和相互依存的各种文化，正是这一过去借助于这一混合流入了我们的"现代灵魂"。现在，我们的本能在各处倒退，我们自己已成为某种混乱。终于，正如上面所说，"精神"看到了自己的有利之处。我们通过我们的身体和欲望的半野蛮状态，拥有通往各处的秘密通道，那是一个高贵时代从来没有拥有过的通道，特别是通往没有完成的文化迷宫的通道，通往每种在地球上存在过的半野蛮的通道。正因为迄今为止人类文化的最大一部分就是半野蛮,如果历史感就几乎意味着是对一切的感觉和本能,对一切的品位和舌头,那么,历史感马上就会被证明为是非高贵的感觉。比如我们重又能享受荷马:也许我们能欣赏荷马就是我们最幸福的跳跃,而一种高贵文化之人(如十七世纪的法国人圣·埃夫雷蒙①,指责荷马过于庞大,一直到伏尔泰才得以结束)过去和现在都不知道如何才能驾驭荷马,他们几乎无法允许自己去欣赏他。他们的嘴巴说出的肯定或否定、他们很容易出现的厌烦、他们对所有陌生东西极其犹豫的保留态度、他们对生动好奇心的畏惧,还有他们对每种高贵的和自娱自乐的文化的坏意志、不承认一种新的渴求、对自己的不满、对陌生东西的欣赏,所有这一切都决定了他们的不满意,即使面对世界上最好的东西也不满意,只要这些东西不可能成为他们的私有财产或他们的战利品。对他们来说,没有比历史感和奴性十足的平民好奇心更难以理解的东西。莎士比亚的情况亦是如此,这是个令人吃惊的西班牙人、摩尔人、撒克逊人品味的综合体。一个雅典人出自埃斯库罗斯式的友好,面对莎士比亚会笑得半死或很生气,但我们会怀有秘密的亲密和热爱,来接受这种充满野性的五光十色,接受最温柔的、最粗暴的和最艺术的东西的混合。我们欣赏他,把他的作品看作

---

① 法国作家。

是为我们保留的艺术精华,而且我们不会很受英国刁民令人讨厌的烟雾和亲近的干扰,莎士比亚的艺术和品味就是生活在这样的烟雾中,犹如在那不勒斯的基亚亚:在那里,我们的五官像着了魔似,愿意走自己的路,尽管刁民居住区的污水味散发在空气中。我们这些具有历史感的人,作为这样的人我们有自己的美德。这点不容否认。我们没有什么要求,我们忘我、谦虚、耐心、勇敢、充满自我克服精神、充满献身精神、非常感恩、非常耐心、非常乐意助人,我们这些东西的品味也许不是很高。最终,我们承认:是什么东西让我们这些具有历史感之人最难理解、最难感受、最难品味和最难去爱,是什么东西让人们觉得我们先入为主和具有敌意,恰恰就是每种文化和艺术中的完美和最终的成熟,是作品和人的高贵,是观望平静大海的目光和自我满足,是所有已经完成的事物表现出来的金色和冷酷。也许历史感的伟大美德必然同好品味对立,至少会同最好的品味对立。我们恰恰只能蹩脚地、犹犹豫豫地、强迫自己去模仿人类生活中那些小的、短暂和最高的幸福和神化,也就是那些瞬间和奇迹,一种伟大的力量自愿地在这种无边无际的东西面前止步,在那里,在依然发抖的土地上突然出现平静和犹如石化的状态,我们稳稳地伫立着,享受无比巨大的高贵乐趣。如此尺度对我们来说是陌生的,让我们自己承认吧,我们的兴奋恰恰是针对无穷无尽的东西,我们就像骑在马上向前飞驰的骑手,面对无边无际扔下了缰绳，我们现代之人，我们半野蛮之人，我们只能在我们遇到危险的情况下才能感到我们永恒的幸福。

225

不管是享乐主义哲学、悲观主义、功利主义还是幸福论，所有这些按照享受和受苦，也就是按照当时的状况和次要之事来衡量事物价值的思维方式，都是表面和幼稚的，每一个意识到创造性力量和拥有艺术家良心的人都会对此不无嘲笑，也会不无同情地看不起这些东西——对你们表示同情！这当然不是你们认为的那种同情，这不是对社会苦难的同情，不是对社会和病痛之人以及不幸之人的同情，不是对那些一开始就有罪恶倾向和破碎之人的同情——这些人就躺在我们身边，更不是对喋喋不休诉苦的、被压抑的、有叛乱倾向的奴隶阶层之人的同情——这些人渴望统治，他们把这称为是自由。我们的同情是一种更高、更有远见的同情，我们看到，人们在变小，是你们在把人变小！还会出现那样的情况，即我们看到你们在对一种不可描绘的恐惧产生同情，而我们恰恰是要抵御这种同情，在这里我们发现，你们的严肃要比各种轻率都更危险。你们希望有可能——没有比这更棒的可能了——就取消受苦。那我们呢？看起来，我们宁可希望比任何时候更高、更糟！你们理解的幸福安宁，在我们看来，不是目标，而是终极！这种状况会马上让人变得可笑和不受尊敬，会让人希望自己沉沦！而受苦的锻炼，受很大的苦的锻炼，难道你们不知道正是这样的锻炼迄今为止造成了人的全面提高！不幸灵魂的那种张力能培养你们的强大。你们在看到巨大毁灭时的恐惧，在承担、坚持、剥削、利用不幸时的发明精神和勇敢，以及你们得到的深度、秘密、面具、精神、计谋和伟大，这些不正是你们通过受苦、在锻炼受大苦时得到的吗？在人的身上，创造物和创造者合为一体，人身上有材料、碎片、多余之物、泥土、粪便、混乱，但人身上还拥有创造者和构建者铁锤般的坚韧、观看者的神性和第七天，你们能理解这一对立吗？你们的同情是针对"人身上的创造物"，也就是必须被构成、折断、锻造、撕裂，被烧尽、被烧热、被精炼的东西，就是必须受苦和应该受苦的东西吗？你们难道不理解我们的同情，我们相反的同情在反对你们的同情时，不就是反对所有变温柔和变弱的东西中最糟的部分吗？也就是说以同情反同情。但再说一遍，确实存在比所有享乐和痛苦及同情问题更高的问题，而只想探讨前者的哲学是幼稚的。

226

我们这些非道德主义者！与我们相干的这个世界、让我们必须感到害怕和热爱的世界、由高级命令和服从组成的几乎看不到和听不见的世界、从每种观察角度来看几乎都存在的世界、一个搞笑的、难以对付的、辛辣的、温柔的世界，是的，这一世界能对付简单的观众和熟悉的好奇心！我们被严格的义务包得紧紧的，不能自拔，在这个世界，我们就是"义务之人"，当然，我们也是！是的，我们会在我们的"锁链"里跳舞，在我们的"姐妹"中间跳舞。更经常的是，这也是真的：我们咬牙切齿并对我们可怕的悲惨命运感到不耐烦。但我们愿意做我们想做的事情，愚蠢和视觉表象都反对我们，说我们是"没有义务之人"，而我们总能对付我们自己的愚蠢和视觉表象。

227

正直——假设这是我们无法摆脱的美德，我们这些自由的精神！——现在，我们要以所有的恶和爱来研究这一点，而且要孜孜不倦地在留给我们的美德中"完善自己"，但愿这一美德的光芒犹如金黄色的、蓝色的、带有嘲笑的晚霞，照耀这一日益老去的文化和其迟钝阴暗的严肃！但如果有一天，我们的正直感到很累，就会叹息，会把四肢伸开，并觉得自己太坚硬，想更好、更轻松和更温柔，就像是一种舒适的毛病。尽管如此，还是让我们继续坚硬吧！我们这些最后的廊下派！我们用我们身上那些魔鬼般的东西去帮助我们的正直，那些魔鬼般的东西就是我们对愚蠢和马马虎虎的厌恶，就是我们的"求不当之求"、我们的冒险者勇气、我们的幽默和被宠坏的好奇心，我们对权力和克服世界的最好、最伪装和最具有精神性的意志，这一意志热切地周游未来的所有国度。我们用我们所有的"魔鬼"去帮助我们的"上帝"。很有可能的是，人们不认识我们，并把我们搞错，这有什么关系呢！人们也许会说："他们的正直，就是他们的鬼东西，除此之外，什么都不是！"这有什么关系呢！哪怕他们有权利这么说！迄今为止，难道不是所有的神都变成了神圣的魔鬼、被洗礼的魔鬼吗？而且我们自己最终了解自己什么？那个带领我们的精神叫什么？（这是名称的问题。）我们隐藏了多少精神？我们的正直，我们的自由精神，我们要努力不让它成为我们的虚荣、我们的乔装打扮、我们的界限、我们的愚蠢！每种美德都有变得愚蠢的倾向，每种愚蠢都有变成美德的倾向。俄国人说：笨到神圣，我们要努力让自己不会因为正直而变成圣人和无聊之人！难道一辈子还没有无聊够，还需要一百倍的生命吗？我们必须相信永恒的生命，为了……

228

请原谅，我发现，迄今为止所有的道德哲学都很无聊，都属于安眠药那样的物品，而且在我的眼里，最能伤害"美德"的莫过于那些赞同美德的人的无聊，当然我也不想忽视美德的用处。只有很少的人才思考道德这个问题，这点很重要。道德不会突然变得有意思，这点也很重要！但人们不必担心！今天的情况仍然和以前一样，我在欧洲看不到有人理解下面的看法（过去也没有），即思考道德可能会变得危险、棘手和有诱惑力，同时也可能具有灾难性！例如，我们可以看看那些孜孜不倦、不可避免的英国功利主义者，他们是如何笨手笨脚、庄重地步边沁①的后尘（一个荷马风格的比喻能更清楚地说明这点），正如他曾步令人尊敬的爱尔维修的后尘（不，这个爱尔维修不是什么危险之人）。没有新思想，看不到一个老思想更高级的变化和发展，也没有由过去所想过的东西组成的真正历史。总的说来就是不会留下文献，条件是人们没有恶意地让这些东西发酵。因为就是这些道德主义者（如果必须要读这些人的东西，就必须加上点别的想法），已经沾上了这种古老的英国毛病，这种毛病叫伪善之言，是道德上的伪善，这次是隐藏在科学性的新形式下。也不乏良心谴责的秘密反抗，那些过去的清教徒在科学地理解道德时，会因为这些良心谴责而受苦。（一个道德主义者不就是一个清教徒的反面吗？即认为道德值得怀疑、值得提问，简而言之，不就是把道德主义者看作是有问题的思考者吗？难道道德化不应该是不道德的吗？）最终，他们所有的人都是要让英

---

① 十八世纪英国法理学家。

国的道德性具有权利——如果这样能最好地为人类或为大家的利益或为大多数人的幸福服务，不！为英国的幸福服务。他们要用尽全力向自己证明，追求英国式的幸福，我指的是追求舒适和时髦（以及，最高的追求是获得议会一席），也是美德的正确小道，是的，迄今为止在这个世界上有那么多的美德，都是表现在这种努力上。所有这些笨拙的、良心不安的动物群体（这些人把自私之事作为对大家有利的事情来做）都不想知道和嗅到这点，即大家的福利不是理想、目标，不是能理解的概念，而只是催吐剂——对一个人合适的东西，不一定适合于他人，一种对所有人要求的道德恰恰是对更高的人的伤害，简而言之，人与人之间存在着等级，当然在道德和道德之间也存在等级。那些功利主义的英国人是谦卑、彻底中庸的一类人。正如上面所说，只要他们无聊，我们怎么估计他们的功利性都不嫌高。人们应该鼓励他们，有时，还需要试着用下面的韵诗来鼓励他们。

> 祝福你们，
> 乖巧的推车人，
> 永远是"越远越好"，
> 头脑和膝盖越来越僵硬，
> 没有热情，不开玩笑，
> 不疯狂也不中庸，
> 无天才也无风趣。

229

在可能会为人性自豪的未来年代里,会存有很多恐惧,会存有恐惧"野蛮和残酷动物"的很多迷信——更人性的时代会成为这些动物的主人,同样也成为时代的自豪。那些触手可及的真理,出于几百年之久的承诺,一直没有被说出来,是因为那些真理看上去是要帮助那些野蛮的、终于被杀的动物重新获得生命。如果我不小心说漏了这个真理,我也许会说:就让其他人重新抓住它们,并让它们喝很多"虔诚思考的牛奶"吧,一直到它们安静下来并躺在旧角落里被人遗忘。要重新学习残酷这个概念并睁大眼睛。我们终于应该学会不耐烦,从而让这毫不谦虚的大错误不再一本正经、放肆地游逛,如同在悲剧方面被那些旧的和新的哲学家所喂饱那样。几乎所有我们称之为"较高文化"的东西,其基础在于残暴的精神化和深入化,这是我要说的话。那种"野蛮动物"根本就没有被杀绝,它活着,活得很好,它只是自己神化了自己。至于什么是悲剧的痛苦狂喜,那就是残忍。在所谓的悲剧同情中,甚至在所有崇高的东西中,甚至到形而上的最大和温柔的颤栗中舒服地起作用的东西,它们只能从残忍的混合成分中汲取甜蜜。竞技场上的罗马人、沉溺于十字架愉悦的基督徒、面对火刑或斗牛表演的西班牙人、今天热衷悲剧的日本人、巴黎郊区向往血腥革命的工人、强烈要求在"自己身上"上演《特里斯坦和依索尔德》的瓦格纳的女粉丝,所有这些人欣赏并希望用秘密的热情喝下去的东西,就是伟大的女巫喀耳刻"残忍"的果酒。在这里,我们当然必须赶跑以前的愚蠢心理学,这种心理学在教什么是残忍时,只会说:只有在看到别人的痛苦时,才会出现残忍。实际上这是一种对自己的痛苦和让自己感受痛苦的充分享受,过于充分的享受。只有在宗教意义上和自残意义上否认自我的人——如那些腓尼基人和禁欲者,或为了去感官化、去肉体化,为了悔恨、为了清教徒式的忏悔痉挛,为了进行良心解剖和像帕斯卡尔那样献上理性的人才会被说服,这时他会秘密地被自己的残忍所吸引,并出于对自己的残忍所造成的危险的恐惧,而被迫急着往前走。最后人们应该考虑:就是那个认识之人,在违背精神倾向并常常在违背心愿时,会强迫自己的精神去认识,也就是在他想肯定、热爱和崇拜的地方说不字,这样的认识之人是残忍的艺术家和美化者。每种深层和彻底的索取就已经是强奸,是要给精神的基本意志带来痛苦,这种精神基本意志就是要不断地显示出来和进入表层。在每一个认识愿望中,都能看到残忍的汗珠。

230

也许人们不是马上就能明白我在这里所说的"精神

的基本意志"是什么，请允许我解释一下。被老百姓称为"精神"的东西，是一种命令式的东西：想在内心和在自己周围成为主人，并感觉到自己是主人。这种东西的意志就是把多样性变成简单性，是一种把任何东西都连接在一起、绑在一起，具有统治欲和进行真正统治的意志。这一意志的要求和能力就是生理学家对所有活着的、生长的、繁殖的东西提出的要求和能力。精神的力量、占据陌生东西的力量表现在一种强大的倾向中，那就是要让新东西向旧的靠拢，要把复杂变简单，忽视或排斥非常矛盾的东西，同样，这种倾向也表现在任意地强调、突出和伪造陌生物以及每一个外部世界的特点和特征上。目标就是要占有新经验，并把新东西纳入旧行列，也就是为了增长，更为确定的是为了获得增长的感觉，获得更多力量的感觉。一种看起来相反的精神欲望在为这一意志服务：一个突然出现的莫名其妙的决定，一个任意做出的立即要结束的决定，关紧自己的窗户，对这事或那事内心的拒绝，不让别人靠拢，对许多应该知道的东西保持自卫状态，对黑暗、对关闭的地平线表示满意，对无知的肯定和叫好，根据他自己接受事物的能力和他的"消化能力"来决定怎么做，所有这些现象形象地说就是，"精神"在大多数情况下确实像一个胃。有时愿意被骗的精神意志也属于此列，也许还有一种轻率的预感，即这个东西反正不成立，所以人只能让它成立。这种精神意志还包括对所有不安全和多重性感兴趣，对一个角度的每种狭隘和秘密产生一种令人愉快的自我欣赏，对非常近的东西、前面的东西、被放大的东西、被缩小的东西、被移位的东西、被美化的东西进行自我欣赏，对所有权力表现的任意性的自我欣赏。终于，精神开始毫无顾虑地准备欺骗其他精神，并在它们面前进行伪装，那是一种具有创造性、塑造性和改变性力量造成的不间断压力和紧迫性，精神在其中享受其面具的多样性和狡猾性，同时精神也享受安全，恰恰是通过普罗吐斯①艺术，精神能得到最好的保护和隐藏！认识之人崇高的倾向是反对表面、简单化、面具和大衣的意志，简而言之就是表面意志，因为每种表面都是大衣。认识之人深入、多层次、彻底地看待事物，也愿意这么做，这是作为理性良心和品味的某种类型的残忍，每一个勇敢的思考者将在自己身上承认这种残忍。假设——当然他也应该这样——他能长期地让自己的目光变得足够尖锐，并习惯于严格的训练，也习惯于听严厉的话语，他会说："在我的精神倾向中有某种残忍的东西"，就让那些具有美德的人和可爱之人去试图说服他放弃这种残忍吧！事实上，如果人们在我们这些自由的、非常自由的精神的背后，小声称赞地说，这不是残忍，而是一种"放肆的正直"，那听起来就好多了。也许有一天人们对我们的称赞就会是这样！在此期间——因为要过段时间才会出现

---

① 海神。

这种情况——我们自己至少不要倾向于用同样的道德饰品来装扮自己,我们迄今为止的工作恰恰要我们厌恶这一品味以及这一品味的各种充分表现。那是些漂亮的、闪闪发光的、发出声响的节日话语:正直、对真理的爱、对智慧的爱、为认识牺牲自己、真相的勇敢性,这里确实有某种让自豪膨胀的东西。但我们这些隐士修行者和土拨鼠,我们早已经在一个隐士良心的所有秘密中说服了自己,认识到了这些庄重的华丽辞藻也属于人不自觉的虚荣心发出的旧谎言、装饰、垃圾和金粉,就是在这些很有诱惑力和过度渲染的色彩底下,我们必然又会看到人的可怕本质。也就是说,要使人返回到自然,让人成为许多虚荣和狂热解释以及附加意义的主人——这些东西迄今为止涂在那个永恒之人的本质上,能让人站在人面前,就像今天在科学的训练下已经变得坚强的人,站在另一个自然前面,以毫不畏惧的俄狄浦斯的眼睛,贴上奥德修斯的耳朵,听而不闻所有老形而上捕鸟人的勾引,这些捕鸟人不断地对他说:"你比现在更多,更高,你来自别的起源!"——这也许是一个奇怪和精彩的任务,但这只是一个任务,谁会否认呢!我们为什么选择这个任务,选择这个精彩的任务呢?或用别的话来说:"为什么要认识?"每个人都会问我们这个问题。我们被如此地逼问着,我们自己已经问过几百次了,我们过去和现在都找不到更好的回答……

231

学习改变我们，正如所有食物对我们的作用。生物学家非常了解，这些食物也不仅仅只是"维持"生存。但从根本上来看，完全从"底下"来看，当然存在着一些不可教化的东西，那是一块由精神命运、命中注定的决定和对注定问题的回答组成的花岗岩。每遇到一个主要问题，就会有一个不可改变的"这是我"在说话。例如一个思考者无法改变有关男人和女人的认识，而仅仅只能通过彻底学习，最终发现什么是他身上"固定"下来的看法。人们随着时间找到某些答案，这些答案让我们非常相信某些东西，也许就因为这样，人们就把它称之为"信仰"。后来，人们在信仰中只看到通往自我认识的脚步，看到通往我们问题的指示牌，这一问题就是我们本身，更正确的说法就是通往大愚蠢的问题，我们就是大愚蠢，同时也是通往我们的精神天命，通往"底下"不可教化的问题。我是如此乖巧，正如我刚才要求自己的那样，也许可以允许我，对"女人本身"说几句真话，前提是，人们必须从一开始就知道，这些只是我知道的真相。

232

女人要独立自主，此外也开始了要通过"女人本身"

对男人进行的启蒙。这属于欧洲普遍仇恨化中最糟糕的进步之一。因为研究女人的科学所做的那些愚蠢的试验和自我暴露会揭露出多少东西啊！女人有许多感到羞耻的理由。女人身上隐藏了那么多拘泥的东西、表面的东西、学究式的东西、小气专横的东西、毫无克制的东西和不谦虚的东西，只需研究女人同儿童的交往就能发现这一点！迄今为止，这些东西基本上是通过对男人的敬畏而得到了最好的排斥和控制。如果有一天女人身上永恒的无聊，非常非常之多的无聊，敢于跳出来的话！会多么糟糕！如果女人开始失去她的聪明的艺术、她的妩媚的艺术、游戏的艺术、去掉烦恼的艺术、让人轻松和把事情看得轻巧的艺术，如果女人彻底和根本上失去对舒适欲望的高级追求，那就糟糕透了！现在已经听到女人的声音，是以神圣的阿里斯托芬的名义，这些声音让人恐惧，这些声音以一种医学般的精确进行威胁：女人最先和最终到底要求男人什么呀？！如果女人准备使自己具有科学性，这难道不是最坏的品味吗？迄今为止，谢天谢地，启蒙是男人的事情，是男人的强项，是男人中间发生的事。男人看到女人写"女人"的东西，完全可以保留自己的怀疑，即那女人是不是要先对自己启蒙一下，并能自己启蒙自己呢……如果一个女人这么做并不是为了寻找一种新的打扮方式——可我想，难道打扮不是属于女人永恒的东西吗？——而是要求自己能引起别人的敬畏，那她也许是想要统治。但她不要真理，真理对女人有什么用！对女人来说，从一开始就没有任何东西比真理更陌生、更反感、更敌对了。女人伟大的艺术是说谎，她所做的最高的事情就是维持表面和美丽。我们这些男人承认，我们尊重和热爱的恰恰是女人的这一艺术和这一本能。我们生活得很艰辛，所以为了找轻松，喜欢和这样的女人相处，而在那些女人的双手、目光和温柔的愚蠢中，我们的严肃、我们的艰难和深度看起来也几乎是愚蠢。最后我要提的问题是：有没有一个女人承认过另一个女人大脑的深度和另一个女人内心的正义吗？总的来说，迄今为止，"女人"最多的是被女人轻视，而绝对不是被我们轻视，难道我说错了吗？我们这些男人希望，女人不要继续再通过启蒙丢面子。当教会宣布女人在会上要闭口无言时，这是出于对男人的关心和对女人的保护。当拿破仑对那位口若悬河的斯达尔夫人说：莫谈政治！他是为了对女人好。我想，今天朝妇女喊莫谈女人的男人，才是真正的妇女之友。

233

如果一个女人援引罗兰夫人、斯达尔夫人和乔治·桑小姐的话，——似乎这么做就会证明对"女人本身"有利——就暴露了本能的腐败，更不用说是一种坏品味了。对我们这些男人来说，上面提到的女人都是滑稽的女人——不是别的什么，这也恰恰是反对妇女解放和女性自我吹捧的最好和非故意的反证。

234

厨房里的愚蠢：作为厨师的女人以可怕的漫不经心的态度负责全家和男主人的饮食！女人不明白食物意味什么，却还要当厨师！如果女人能思考，作为厨师的她，几千年来必定会找到最大的生理学事实，并掌握这种治疗艺术！正因为女厨师很蹩脚，正因为厨房里完全缺乏理性，从而造成了人的发展长期被阻碍，并受到最大的破坏。今天的情况也没有变好。这是对出自更高家庭的闺秀们说的话。

235

存在着精神的变化和成就。在一些句子和一些词语中，全部的文化、整个社会突然被结晶化了。兰伯特夫人对她儿子说的话就属于此类：亲爱的，你向来喜欢做蠢事，做蠢事会让你快活。顺便说一下，这是母亲对儿子说过的最具母性、最聪明的话。

236

丹东和歌德以为女性应该是这样的，丹东吟唱道：

她仰望上天,我望着她。而歌德转写为:永恒女性的气息吸引了我们。我不怀疑,每个高贵的女人都会反对这一信念,因为她相信的恰恰是永恒男性的东西……

237

七句关于女人的格言。

一个男人以最漫长的时光流逝的速度,朝我们爬来。

老男人,嘿!科学也给弱的美德以力量。

黑衣和沉默是女人的服装,是聪明女人的服装。

幸福的我要感谢谁?上帝!和我的女裁缝。

年轻:开花的山洞。年老:爬出来的龙。

高贵的名字、漂亮的小腿,还有男人:哦,但愿他是我的!

言简意赅——要让母驴上冰面。

迄今为止,女人被男人像鸟一样对待,这些鸟从某个高度不小心飞到男人身上,作为更高雅的东西、更容易受伤害的东西、更神奇的东西、更甜蜜的东西、更有灵魂的东西,但也是必须关在笼子里的东西,好让她们不再飞走。

238

错误地理解"男人和女人"这一基本问题,一方面是否认两性最深的对抗以及必然会产生一种永恒敌对的紧张状态，另一方面也许是梦想两性有同样的权利、同样的教育、同样的要求和责任。这是平庸的一个典型特点，如果一个恰恰在这危险之处证明了自己的平庸的思考者——本能的平庸！——这样的思考者值得怀疑，甚至能被看作是背叛者、被看穿的人。很有可能，他对生活的所有基本问题，包括未来生活的问题都看得过于"肤浅"，无法有深度。相反，一个精神和欲望都有深度的男人，也深深地愿意自己能变得严格和严厉，同时又很容易被人等同于这些东西，这样的人只能从东方的角度思考女人。他必须把女人看作是自己的占有物，看作是可以控制的财产，女人是为他服务的，并能使他自我完善，在这方面，他必须依靠亚洲巨大的理性和本能-优势，正如希腊人过去所做过的那样。希腊人是亚洲最好的继承者和学生，这些人，如众所周知，从荷马到伯里克利，队伍不断增长，包括文化和力量，他们一步步地对女人更为严厉，简而言之，就是更东方化。这是多么必要、多么逻辑，也是众人所望。但愿人们能好好想一想！

239

弱性别（女性）在我们这个时代比以往任何时候都更受到男人的尊重，这属于民主的偏爱和基本品味，正如对老人的不敬。但人们马上就会滥用这种尊重，这奇怪吗？人们要求更多的东西，人们学会了提要求，最终人们觉得那么点尊重几乎是伤人，人们宁可选择争取权利的竞争，是的，实际上是斗争。行了，女人失去了羞耻感。我们马上还要说的是，也失去了品味。女人学会了不再惧怕男人，但是学会不怕男人的女人也放弃了其最女性的本能。如果男人身上能引起惧怕的东西，更确切地说，如果男人身上的男性气概不愿意这样，并且不愿意受到培养的话，那么女人敢于这样做很合理，也足以被理解。但比这更难以理解的是，这样的女人会变质。今天就出现了这种情况，我们不要自欺欺人！凡是工业精神战胜了军事和贵族精神的地方，女人都在追求一个职员所拥有的经济条件和权利的自主性，"就业女人"就写在正在形成的社会大门上。女人通过这样的方式获得新的权利，渴望成为"主人"，并把妇女的"进步"写在她们大大小小的旗子上，于是人们可怕和清晰地看到了完全相反的东西：女人退步了。法国大革命以来，欧洲女人的影响力，随着她对权利和要求的增长而减少。只要在女人自己（而不仅仅是那些平庸的男人）要求并促进"妇女解放"的地方，同样也会出现最女性本能变得迟钝和越来越弱的奇怪症状。这就是这一运动中的愚蠢，一种几乎是男性化的愚蠢，一个很好的女人，也一定是聪明的女人，基本上会因为这种愚蠢而感到羞愧。在什么基础上，人们能最安全地取得胜利，女人对此失去了嗅觉，忽视了自己的艺术武器。她们在男人面前放任自流，也许，甚至还会被写进书里，而在书里，过去是要突出女人的教养和谦恭的。女人的做法是要坚决地反对男人的信念，即相信女人身上隐藏着完全不同的理想信念，以及一种永恒和必要的美德。女人喋喋不休地说服男人：不要以为女人就像一个更温柔、具有野性又常常是很驯服的宠物必须被保存、喂养，必须受到保护和爱护。女人还提出，要笨拙地、愤怒地共同寻找所有具有奴隶性和家奴性的东西，女人在迄今为止社会制度里的地位，就曾经有过这种东西，现在仍然有（就似乎奴隶式的东西是一种反证，而不是每种更高文化和提高文化的条件）。以上这一切意味着什么，难道不是女人本能的破坏和非女性化？当然，在有学问的公驴中，不乏愚蠢的妇女之友和破坏女性者，他们劝说女人要去女人化，并去模仿愚蠢之事，也就是让欧洲男人、欧洲"男性"生病的愚蠢之事。这些愚蠢之事就是要让女人沦落，让她们接受普通教育，甚至会读报和参加政治活动，人们想把妇女变成自由精神和文学家，似乎对一个有深度和不信上帝的男人来说，有虔诚之心的女人，似乎是很令人反感和可笑的！现在人们几乎在所有的地方都用最病态和最危险的各种音乐（我们德国的最新音乐）来破坏她们的神经，让她们天天变得更歇斯底里，无力完成她们第一个和最后一个职业：生出健康的孩子。人们要让她们更有文化，正如人们所说，是要通过文化使"弱性别"变得强大,似乎历史没有极其紧迫和尽可能地教会大家认识到:人的"文化培养"和变弱,也就是意志力的变弱、分裂和病态是同步的,而世界上最强大和最有影响的妇女(包括拿破仑的母亲)则要感谢她们自己的意志力,而不是老师,是意志让她们拥有超过男人的力量和优势。女人身上让人尊敬和敬畏的东西是她的本质,这种本质要比男人的本质"更自然"。女人真正的豺狼般狡诈的柔软性、她手套底下的虎爪、她在自私方面的幼稚、她的不可教育性和内心的野蛮、不可掌握性、宽广、她的欲望和美德的不稳定性……让人敬畏之余,想想什么东西会引起人们对这个危险和漂亮的猫"女人"的同情呢?那就是她比任何一个动物更受苦、更容易受到伤害、更需要爱和注定失望。畏惧和同情,迄今为止男人在女人面前一直怀有这样的感受,女人总是一只脚站在悲剧里,只要悲剧使人狂喜,悲剧就会中断。什么?应该这么结束吗?女人的无聊化会渐渐抬头吗?哦,欧洲,欧洲!人们了解头上长角的动物,对你来说,这样的动物最有吸引力,总会有危险来威胁你!你的古老的寓言有可能又成为"历史",再一次,一种巨大的愚蠢有可能主宰你,并把你抬走!在它下面没有隐藏上帝,不!只隐藏着一个想法,一个"现代想法"!——

第八章　人民与祖国

240

我又听瓦格纳的音乐了,听他的《纽伦堡的名歌手》序曲,非常华丽、装饰繁缛、很沉重、很老练的艺术,这种艺术能自豪地说,为了理解它需要二百年活生生的音乐作为前提,这一自豪没有失算,这让德国人感到光荣!序曲满含果汁,充满力量,四季和天上的声调也比比皆是!音乐让我们一会儿感到古老,一会儿感到陌生、锋利和过于年轻,既非常随性又有世俗的华丽,也不乏戏谑,更多的是粗暴和粗糙,有火焰和勇气,同时又像成熟过晚的果实,松软,有淡黄色的果皮。如潮水凶猛,却突然出现一瞬间无法解释的犹豫,同时有一个在原因和结果中间跳跃的缺口,一种会让我们做梦的压力,几乎是梦魇,之后舒适的潮水又开始变得广阔,非常舒服,充满了老的和新的幸福,包括艺术家本身的幸福,他不想掩饰自己的幸福,幸福的他知道自己在这里使用的手段是何等高超,正如他想向我们透露的那样:都是些新获得的还没有尝试过的艺术手段。总的说来，不是美，不是南方，没有任何南方天空的高雅亮色，没有任何优美，没有舞蹈，几乎没有逻辑意志，甚至有一些被放大的笨手笨脚，似乎艺术家要对我们说："这就是我的意图"，那是一件笨重的长袍，具有某些专制野蛮和神圣的东西，是深奥和值得尊重的财宝和顶端之物发出的声响，还有些德意志味道——就这个字眼最好也是最糟的含义，具有某种德意志方式的多样性、无形式和尚未发掘出来的东西，是德意志的某种强权性和灵魂的丰富性，这一灵魂不畏惧藏身在败落的诡计中，这一灵魂在那里也许会感到最舒服，这是德意志灵魂的一个真正标志，这一灵魂既年轻，又太老，过于松软，但依然充满未来。这类音乐最好地表达了我对德国人的看法：他们是前天和后天之人，但他们没有今天。

241

我们这些"好欧洲人"，我们也有这样的时刻，即我们允许自己享受可爱的祖国，摔倒和回归到旧的爱和狭隘中去——我举一个例子，比如民族热情高涨的那几个小时，爱国主义的压迫感和其他古老情感洪水泛滥的那几个小时。比我们更为迟钝的精神之人，也许需要更长的时间以应付我们面对的那几个小时，以及几个小时后就结束的情绪。有的人为此需要半年，另外一些人需要半生，根据他们所能消化和"新陈代谢"的速度和能力而定。是的，我完全可以想象那些犹豫不定的种族，这些种族即使在我们迅速发展的欧洲，也还需要半个世纪，以克服对祖国和土地的眷恋反复发作，并重新回到理性，我想说的是，回到"好的欧洲"。当我谈到这一可能性时，我遇到了一件事，也就是我成为两个老"爱国主义者"谈话的见证人，很明显这两个人听力都不好，所以说话的声音也格外响。一个人说："他对哲学的看法和了解就像一个农民或大学生，他还很纯洁。但今天这有什么用！现在是群众的年代，首先他们成群结队朝天趴着，在政治方面也如此。一个要给他们新巴别塔、巨大王国和权力的政治家说他们是伟大的，而我们这些更小心和更有节制的人还没有脱离老的信念，即只有一个伟大的思想可以赋予一个行为和一个事业以伟大，可我们又有什么用呢！假设，一个政治家让他的人民去搞政治，但人民从本质来看并没有这个天赋，也没有准备好，以至于人民必须为了一个新的值得怀疑的中庸，去牺牲古老和安全的美德；假设，一个政治家规定人民去搞政治，而迄今为止，人民有更好的事情要做要思考，在灵魂深处无法摆脱对真正搞政治的人所造成的混乱、空虚和争吵的厌恶，那种小心翼翼的厌恶。假设，一个这样的政治家唤醒他的人民已经沉睡的热情和欲念，把人民迄今为止的羞怯和旁观的兴趣说成是污点，把人民喜欢外国和追求秘密的无穷大看成错误，贬低人民最大的偏爱，扭转他们的良心，让他们的精神变得狭隘，把他们的品味变的'民粹化'——简直太过了！这样的政治家用尽一切手段把他的人民推到未来——如果有未来的话，还要让他们替他赎罪，一个这样的政治家伟大吗？"另外一个老爱国者厉声地回答道："毫无疑问！否则他不会这么做！也许他有这样的想法就很棒了，但也许所有伟大的事情一开始都很棒！"他的对手表示反对："滥用词语！是强大！强大！强大和很棒！但不是伟大！"这两个老男人在朝对方喊着自己的真理时，很明显都非常激动。但处在幸福和彼岸的我则在考虑，如何不久就能通过强者，使一个更强大的人成为主人，一个民族的精神平庸需要一种平衡，也就是通过另一个民族的深刻化。

242

如果现在人们在"文明""人性化"或"进步"这些字眼里寻找对欧洲人的称赞，那还不如用一个既不为了褒奖也不为了贬低的政治公式来说明，那就是欧洲的民主运动。在所有道德和民主的原因后面——类似这样的公式指出了这些原因，正在产生一个巨大的生理学过程，这一过程越来越陷入流动状态——那是欧洲人相互接近的过程，欧洲正不断脱离产生种族的气候和社会等级条件，越来越独立于每种特定环境，这种环境几百年来是想把同样的要求写入人的灵魂和身体，——也就是说，慢慢出现一类基本上是超越民族和类似游牧民族的人群，这些人从生理学来看，其典型的优点是他们掌握最大的适应艺术和拥有最大的适应能力。正在成长的欧洲人的这一过程，可能会由于大的倒退在速度上被耽搁，但也许正因为如此会赢得力量和深度，并得到增长。现在正在爆发的民族情感的狂飙运动也属于此，同样还有正在上升的无政府主义。很可能这一过程造成的后果是那些幼稚的支持者和称赞者以及"现代思想"的信徒们最少估计到的。在这些新条件下，一般来说会形成人的均衡和调和性，也就是产生有用的、勤劳的、可以多方面利用、敏捷的动物群体，这些条件也最适合产生最危险和最有吸引力的例外之人。那种在不同条件下经受试验的适应力，即要求每代人几乎每十年就要拥有从事新工作的适应力，根本就造就不了人的强大。而未来欧洲人的整体印象很可能是由各种各样的人，由好说话、意志薄弱和适应能力特别强的工人所组成，这些工人需要主人，需要发号施令者，就像需要每天的面包一样。欧洲民主化的方向是生产从最高级的意义上甘于被奴役的典型。在个别和例外的情况下，强大之人必须比以前任何时候都要强大和丰富，这归功于这些强大之人受过训练的不偏不倚性，归功于练习、艺术和面具的巨大多样性。我想说的是，欧洲的民主化同时也是不自觉地培养暴君的活动，可以从每种意义上理解暴君这个词，包括在精神意义上。

243

我高兴地听到,我们的太阳朝着武仙座①高速运转:我希望,地球上的人能和太阳一样地行事。而我们这些好的欧洲人,要走在前面!

244

曾经有过一段时间,人们习惯于用"深度"两个字称赞德国人。而今天,新德意志最成功的典范则在追求另外的荣誉,他们认为深度也许意味着是缺乏锐利,所以以下怀疑几乎是符合时代精神和爱国的,即当年的德国人听到称赞时,是否觉得是在自己欺骗自己呢?够了,德国人的深度是否从根本上来说就是完全不同和更糟糕的东西,是人们——感谢上帝——正在成功摆脱的东西呢?所以让我们对德国灵魂进行小小的解剖吧。德国灵魂首先来自不一样的起源,更多的是被放在一起并加以重叠,而不是真的建造起来的,这与其产生地有关。一个放肆的德国人会声称:"两个灵魂在一起,哈,在我的心里",说这种话的人错误地理解了真相,更准确地说是停留在有许多灵魂的真相后面。作为一个由最庞大的种

---

① 以大力神赫拉克勒斯命名的星座。

族混合组成的人民,也许甚至主要是由早期雅利安人组成的,作为每种意义上的"中部人民",德国人要比其他民族更难以理解、范围更广、更充满矛盾、更为陌生、更无法估计、更让人吃惊,甚至更可怕。德国人逃离了人民的定义,从而使法国人绝望。德国人的标志就是,在他们身上,"德国是什么"这个问题永远不会绝迹。科策布①自然非常了解他的德国人:他们朝他欢呼道"我们被认出来了",但桑德②也觉得自己了解德国人。当让·保尔③气愤地反对大放爱国主义的谄媚和夸大之词的费希特④时,他完全知道自己在做什么。但很有可能,歌德对德国人的想法不同于让·保尔,尽管他同意让·保尔对费希特的看法。那么歌德是怎么想德国人的呢?他对周围发生的许多事都从来没有清楚地发表过看法,而且一辈子都擅长高级的沉默,也许他有必须这么做的很好的理由。能确定的是,让他更友好地往上看的不是为自由而进行的战争,也不是法国大革命——这一事件让他对浮士德、对"人"的整个问题改变了以前的看法,——而是拿破仑的出现。歌德说过一些话,在这些话里,他就像是个外国人,以一种不耐烦的严厉,来谈论德国人引以为自豪的东西。他把德意志有名的谦恭定义为"向

---

① 德国戏剧家。
② 刺杀科策布的自由主义者。
③ 歌德时代的德国小说家。
④ 德国哲学家。

陌生人和自己的弱点表示宽容"。他说的不对吗？德国人的标志就是人们对他们的评论很少是错的。德国灵魂曲里拐弯，有山洞、隐藏之处、城堡和土牢。它的乱糟糟的状态具有许多秘密的魅力。德国人了解那些通往混乱的隐蔽小道。正如每样东西都喜欢自己的比喻，德国人喜欢云彩和一切模糊的、正在成长的、迷迷糊糊的、潮湿的和被覆盖的东西。德国人认为各种形式的不确定、未完成、正在移动和生长的东西是深刻的。德国人本身不是什么，而是变化，是发展。所以在哲学公式的大帝国中，发展才是德国的地基和成功：这是一个具有统治地位的概念，同德国的啤酒和音乐一起，努力地要使整个欧洲德国化。外国人面对那些谜感到惊讶和被吸引，这些谜揭示了德国灵魂深处的矛盾性（黑格尔把德国灵魂带进哲学，瓦格纳则把德国灵魂带入音乐）。"好心又阴险"，这样的共存，会让其他民族感到不合情理，但遗憾的是，在德国却极为合理：你只要在施瓦本地区生活一段时间就行！德国学者的笨拙以及他的荒诞不经的社会能力，能可怕地同一种内在的走钢丝般的轻率和大胆相处，而在这种大胆面前所有的神都学会了敬畏。如果我们要中肯地展示德国灵魂，我们只要看看德国品味、德国艺术和风俗：像农民一样对品味无所谓！把最高级和最低级的东西放在一起！这一灵魂内容是如此混乱和丰富！德国人拖着他的灵魂，拖着他所经历的一切。他难以消化他的经历，他永远无法做到这点。德国人的深度常常仅仅是一种很艰难很拖延的"消化"。如同所有习惯性病人那样，所有消化不良者都有喜欢舒适的倾向，德国人也喜欢坦率和诚实：坦率和诚实是多么舒适的事情，今天，也许最危险和最幸福的伪装就是——而德国人善于这一伪装——德国式的正直表现出来的信任，迎合对方并掀开自己的纸牌。德国式的正直是德国人真正的梅菲斯特艺术，德国人可以用这一艺术让自己"走得更远"！德国人让人摆布，并用其忠诚的、空洞的蓝眼睛望着：而外国人马上就会把他和他的睡衣混淆！我想说的是：不管"德国的深度"喜欢什么样子，在我们自己人中间，也许能允许我们嘲笑这一深度？我们若不是很好地保持了德国人的外表和好名声，以及作为有深度的人民的古老名声，我们是不会卑劣地说一些反对普鲁士的决断和柏林人的玩笑和幽默话的。对一个民族来说，把自己看作和被人看作有深度、不灵敏、善良和正直及不聪明，可谓是聪明之举，甚至还真可能具有深度！最后，人应该尊敬自己的名字，人可不是随便就能被叫做"德国人"，叫做骗人的人……

245

"过去的好日子"消逝了，在莫扎特的音乐里，好日子还唱着歌：我们是何等幸福！他的洛可可还在对我们说话，他的"好社会圈子"、他的温柔的热情、他对中国和一切装饰表现出来的孩子般的热情,他内心的礼貌,他对娇小、被爱、跳舞、流泪的爱,他对南方的信任,都还在朝我们内心的一块剩余之地呼唤!但总有一天这些都会过去!——但谁会怀疑,也许对贝多芬的理解和享受会更早地过去!贝多芬仅仅是一种风格过渡和风格断裂的终结,而不像莫扎特,是欧洲品味的一个伟大的世纪终结。贝多芬是一个古老虚弱灵魂的中间结果,这一灵魂不断地破裂,是一个未来的过于年轻的灵魂,是肯定会来的灵魂。他的音乐里有永恒失去和永恒游荡的希望的双重之光,也就是沐浴欧洲的光——当欧洲同罗素一起做梦,当欧洲围着革命自由之树跳舞的时候,并且终于几乎朝拜在拿破仑面前的时候。但现在这一感觉消失得如此之快,今天要了解这种感受是如此之难,罗素、席勒、谢林、拜伦的话对我们的耳朵来说,听起来是那么陌生,而在这些人的话里,欧洲的命运找到了发声的道路,这些也出现在贝多芬的音乐里!后来的德国音乐属于浪漫派,就是说进入了一个从历史角度来看更短、更草率、更表面的运动,成为很大的中间曲,成为欧洲从罗素到拿破仑和民主上升的过渡。那韦伯呢,今天《自由射手》和《奥伯伦》对我们来说意味着什么!或还有马斯纳的《汉斯·海林》和《吸血鬼》,甚至瓦格纳的《汤豪森》!这正在消失的,但还没有被遗忘的音乐。此外,浪漫派的全部音乐确实不够高贵,不够音乐,所以就不能在剧院和大众以外的地方保留自己的权力。

它从一开始就是二等音乐，在真正的音乐人中间只受到很小的重视。但费利克斯·门德尔松的情况不同，他是愉快的大师，由于他的较轻松、较纯洁和较幸福的灵魂，他很快就受到尊敬，同样也很快被人遗忘——作为德国的音乐事件。但罗伯特·舒曼①走的路却艰难，而且一开始就很难被接受——这是最后一个创造学派的人——，恰恰是舒曼的浪漫派被击败，这对我们来说难道不正代表幸福？难道不是让我们松一口气和感到解放吗？舒曼，他的灵魂逃入"萨克森的瑞士"，一半是维特，另一半是让·保尔，肯定不是贝多芬式！不是拜伦式！他的《曼弗雷德序曲》是败笔和误会，甚至是错误。舒曼的品位从根本上来说是小品位（即一种危险的倾向，对德国人来说是双倍危险的倾向，一种对静默的诗歌和酣醉感情的偏爱），他不断地走到边缘，显得非常害羞和退让。一个高贵的温柔之人，这人沉浸在完全匿名的幸福和痛苦之中，是某种类型的小姑娘，从一开始就在说：不要碰我。这个舒曼只是德国的一个音乐事件，不像贝多芬是欧洲的，而莫扎特则以更大的范围属于欧洲。舒曼的出现让德国音乐面临最大的危险，即会失去欧洲灵魂的声音，并坠落到纯粹的爱国颂歌之中。

---

① 德国浪漫派作曲家。

246

德文书对那个有第三只耳朵的人是何等的折磨！这个人是多么不情愿地站在没有声响、没有舞蹈节奏自转的泥潭旁边啊，这就是德国人称谓的书！还有读这些书的德国人！他们读书的时候是那么懒惰、那么不情愿和那么糟糕！有多少德国人知道这点，并要求自己理解：每个好句子里都有艺术，只要想看懂句子，就会猜中这一艺术！比如，误解了速度，句子本身就会被误解！人们不可以怀疑决定节奏的音节，要明白打断太严格的对称是必须的，并且还具有魅力，要对每一个断奏、每一个自由节奏赋予非常的耐心和灵敏的耳朵，要根据声音和双元音猜出意义，以及发现它们是如何温柔和丰富地改变着色彩。在那些读书的德国人中，谁愿意承认这样的义务和要求以及如此倾听语言中的艺术和目的呢？人归根结底就是没有聆听这些的耳朵，所以就听不到风格最强的对立，好比最高级的艺术在聋人面前被白白浪费。当我发现，有人是如此简单和无知地在小说艺术中混淆两位大师的时候，就有了这些想法：一位大师的语言是犹豫和冷冰冰的坠落，就好像从一个潮湿的山洞顶上掉下来，在等待沉闷的声响和回声；另一位大师则让他的语言犹如一把可以弯曲的剑，从手臂到脚趾都能感受到颤抖、尖锐的声响，这些声音想咬、嘶叫和切断。

247

德文风格同声响和耳朵的关系很少，我们出色的音乐家的写作能力都很差这一事实证明了这点。德国人不高声朗读，读书不是为了耳朵，而是为了眼睛：德国人读书的时候就把耳朵放入抽屉。而古希腊人读书，都朗朗上口，而且要用很响的声音。如果有人轻声地朗读，人们就会很奇怪，并秘密地问其原因。用很响的声音，这就是说古希腊的公众对声调的所有提升、弯曲、转换以及速度的变化，都有其自己的乐趣。那时候，书写风格的规则就是演讲风格的规则。而演讲风格的规则一部分取决于令人吃惊的训练以及耳朵和喉头灵敏的需求；另一部分则取决于古希腊人强壮的肺部，其持久性和力量。在古希腊人看来，一个套叠的长句首先是一种生理上的整体，当然这个长句是一口气念出来的。这样的长句在一口气中会出现两次上升和两次下降。对古希腊人来说这是享受，他们有这样的美德，即在朗读这样的长句时，能从自己的训练出发来估计不常见的情况和困难之处。实际上，我们这些现代人，我们这些无论如何只能短呼吸的人，没有资格朗读这样的长句。是的，这些古人总的来说就是谈话的爱好者，是行家，也是批评家，他们会把他们的演讲推到极致。在上个世纪，所有的意大利男女都会唱歌，他们的歌唱艺术（同时也是旋律艺术)也达到了顶峰。但在德国(一直到最近,才出现了舞台上的雄辩师,他们小心翼翼地、简单地发出他们年轻的声音),只有一种更公开和带有艺术性的演讲方式:那就是在布道坛上。在德国只有传道者明白,一个音节和一个词会起什么作用,知道在什么情况下一个句子有力量、能跳跃、倒下、奔跑和疲惫;只有传道者在耳朵里还存有良心,还经常是坏良心:因为有足够的理由表明,德国人恰恰没有多少说话的才干,或者几乎总是到太晚的时候才对达到这样的能力。所以德国散文的伟大作品自然就是最大传道者的伟大作品:《圣经》迄今为止是最好的德语书。与路德的《圣经》相比,几乎所有其他的书都只是"文学",而文学这个东西不在德国成长,所以过去和现在,文学都没有像《圣经》那样扎根到德国人的心里。

248

有两种类型的天才:一种首先是制造孩子和想要制造孩子,另一种是喜欢被怀孕和生下孩子。而在天才的人民中,也有这样的人民,即承担让女人怀孕的任务以及承担塑造、成熟和完成的秘密任务,比如希腊人就是这类人,同样还有法国人。其他的人民则必须让自己怀孕并成为生活新秩序的起因,像犹太人、罗马人,能不能谦虚地问一下,是不是还有德国人呢?折磨其他种族,为无端的发烧而欣喜，不可阻挠地要从自身解脱出来，爱上和渴望陌生的种族（就是那些可以怀上孕的种族），同时还有统治欲，正如所有知道自己有生育能力的东西，这些东西知道这完全是"出自上帝的恩惠"。两种类型的天才像男人和女人那样相互寻找，但他们也相互误解，正如男人和女人。

249

每个民族都有自己的伪善，并把伪善称为是其美德——人认识不到人最好的东西，也无法认识。

250

欧洲要感谢犹太人什么？很多东西，好的和坏的，特别是一种既是最好又是最坏的东西：道德的伟大风格、无穷无尽的要求和意义中的丰饶和庄严、道德质疑中的所有浪漫性和崇高，当然还有那些颜色游戏中最具有吸引力、最棘手和那些被挑选出来诱惑生命的部分。在这些游戏的余光中，今天我们欧洲文化的天空，我们的夜空在闪闪发光，也许在慢慢烧尽。我们这些观众和哲学家中间的艺术家为此应该感谢犹太人。

251

一个因民族的精神发烧和政治功名心而受苦并愿意受苦的民族,如果有一些乌云和骚扰冒犯了民族精神,简而言之,就是有一些愚蠢的小发作,必须对此加以包容:比如今天的德国人,一会儿反法国的愚蠢,一会儿反犹太人,一会儿反波兰,一会儿赞同基督教浪漫派,一会儿赞同瓦格纳,一会儿赞同条顿,一会儿赞同普鲁士(我们只要看看这些可怜的历史学家,如西贝尔①和林莱奇克②之流以及他们裹得紧紧的脑袋),不管这些东西叫什么,都是德国精神和良心的小迷雾。请你们原谅我,因为我也短暂地在这个被感染的领域勇敢地停留过,也不免染上这个疾病,就像整个世界那样,居然开始思考与我不相干的事情——这是政治病的最先症状。比如有关犹太人,你们听好了!我还没有遇到一个能与犹太人媲美的德国人。不管那些小心翼翼之人和政治之人如何坚决拒绝反犹太主义,但这样的小心和政治绝不是针对感情这个东西,而只是针对感情的那种危险的无节制,特别是反对这种无节制感受的愚昧和无廉耻,千万不能搞错这一点!德国有足够的犹太人,德国的胃和血必须(有长期的必要)对付这些犹太人,犹如意大利人、法国

---

① 德国史学家。
② 德国史学家。

人、英国人所完成的那样，他们有更强大的消化功能。这是一种本能发出的清楚的回答和语言，人们要倾听并要按照这些话去做。"不要让新的犹太人再进来了！并让他们去东边（可以去奥地利），关上大门！"这是一个民族的本能提出的，其方式尚还很弱以及很不确定，非常模糊，这一民族很容易被一个更强大的种族所灭。但犹太人毫无疑问是在欧洲生活得最强大、最坚韧和最纯的种族。犹太人懂得即使在最糟的条件下也要站住脚（甚至在有利的条件下），犹太人依靠的是一种今天容易被看作是毛病的美德，特别是依靠一种坚定的信仰，这一信仰在现代思想面前不需要感到羞愧。如果犹太人想改变，他们就真的能改变，而且总是像俄国人征服他国一样，作为一个有的是时间的帝国，而不是昨日帝国，可以按照"尽可能慢的原则"行事。一个在自己的良心上背负欧洲未来的思考者，在他为这个未来所做的所有草图上，都会考虑到犹太人，如同考虑到俄国人一样，把它们看作博弈力量的大游戏和比试时最可靠和最有可能的因素。今天欧洲被称为民族的东西，实际上更多的是被制造的，而不是自然生长起来的东西（是的，还有类似捏造者的产物），不管如何，是某种将要形成的东西，年轻的、容易被推来推去的东西，还不是种族，更不用说以一个多年生成的方式，也就是犹太人方式。这些"民族"要注意的是，不要去参与头脑发热的竞争，不要产生对犹太人的敌意。如果犹太人愿意或者是有人强迫他们，就像那些反犹太主义者看上去想做的那样，那么犹太人现在就可以占优势，是的，具体地说就是能够统治欧洲。更确定的一点是犹太人并不朝这方面努力并制定计划。他们暂时只是提出要求和希望，甚至带点迫切心，他们要待在欧洲，愿意被欧洲吸进和吸出，他们渴望终于能在一个地方落脚，被允许和被尊重，被允许给他们的游牧生活、永恒的犹太人制定一个目标。我们应该重视和迎合这一特点和追求（这也许本身就是犹太人本能的一个较弱表现）。也许让国内反犹太主义的狂热分子注意这点是有益和正当的。要十分小心地面对犹太人，要有选择，就像英国贵族的做法。很明显，新德意志的那些更强大和更坚定的典型人物可以毫无顾虑地与他们交往，比如来自马克①的高贵军官：他们饶有兴趣地想知道，那些善于管理金钱并具有耐心的天才（特别是一些精神和精神性，在上述地区极其缺乏这些东西）是否也可接受继承下来的命令和服从的艺术，或受到培养，在这两方面，上面提到的国家都很传统。但在这里，我怀疑现在中断我大谈德国的轻松讲话和我的节日演讲是否合适，因为我已经触及严肃部分，触及欧洲问题，正如我所理解的，触及培养一个新的可以统治欧洲的等级问题。

---

① 勃兰登堡藩区。

252

英国人不是哲学种族。培根意味着对哲学精神的一次进攻,霍布斯、休谟和洛克是对"哲学家"这个概念的贬低,这种状况已经长达一百多年。康德起来反对休谟,而谢林谈起洛克时说:我蔑视洛克。黑格尔和叔本华(同歌德一起)在反对英国机械世界的愚蠢论调时,观点完全一致,而这两位哲学家是一对相互敌视的天才,他们朝着德国精神完全相反的两极努力并相互指责,就像兄弟相互指责一样。那个半是演员、半是修辞学者的无聊混乱的卡莱尔,知道英国过去和现在缺什么,他在热情的鬼脸下面企图掩饰对自己的认识,也就是他自己身上缺少的:缺乏精神性的真正力量,缺乏精神目光的真正深度,简而言之就是缺乏哲学。这标志着,只有一种如此非哲学的种族,才会严格坚持基督教。这一种族需要训练,需要"道德化"和人性化。英国人比德国人更阴郁、更感性,意志更强和更野蛮,正因为如此,作为更低下之人也比德国人更虔诚,更需要基督教。对那些更高嗅觉的鼻子来说,甚至英国人的基督教也具有真正的英国式的抑郁和酗酒的味道,而酗酒有极好的理由被看作是一种治疗手段,也是对付更粗暴之物的更高级的毒药。实际上,更高级的中毒对粗俗之人来说已经是一种进步,是上升到精神化的一个台阶。英国人的粗俗和农民般的严肃，会通过基督教充满姿态的语言和唱颂圣经，成为最能忍受的伪装，更正确地说，是得到解释和重新解释。对每种酗酒和寻欢作乐的动物来说——这一动物过去处于卫理公会派教义的控制下，最近又重新作为"救世军"学会嘟嘟嚷嚷地谈道德——也许一次忏悔痉挛确实可以成为"人性"相对来说最高的成果，同时还可以提高人性，起码可以承认这点。但还有什么东西让最为人性的英国人感到遗憾呢，那就是他们缺乏音乐，用比喻（或不用比喻）来说明的话就是：英国人在其灵魂和身体的运动中不具有节拍感和舞蹈感，是的，甚至没有向往节拍、舞蹈和"音乐"的渴念。你可以去听英国人说话，去看最漂亮的英国女人走路，在地球上的任何国家都没有比她们更漂亮的鸽子和天鹅了，最终，还要去听他们唱歌！但我要求得也太多了。

253

有一些真理最能被平庸的脑袋所认识，因为这些真理对他们来说最平庸，有一些真理仅仅对平庸精神具有吸引力和诱惑力。现在人们恰恰碰上了这句也许会令人很不舒服的话，自从精神更受到重视以来，平庸的英国人，我是指达尔文、约翰·穆勒和赫伯特·斯宾塞，从欧洲品味的中间地带也上升到了优势地位。事实上，谁会怀疑这些精神大师统治一段时间的好处呢？如果以为这些飞得很高又很偏的精神大师特别灵敏，能够确定和收集许多很普通的小事实，并很快做出结论，将会是一个错误。实际上，这些精神大师作为例外，从一开始就更多地同"规律"不相称。最终，大师们必须去做更多的事，而不仅仅是认识，也就是要成为新东西，意味着新事物，提出新价值！知识和能力之间的鸿沟也许比人们想的要更大，更可怕。能大刀阔斧干的人、具有创造性的人很可能必须是一无所知的人；另一方面按照达尔文的方式，某种狭隘、枯燥和勤劳的关注也属于科学的发现，简而言之就是不要把英国式东西看得太负面。不能忘记的是英国以它很深的平庸性，曾经造成欧洲精神的全面抑郁。人们称为"现代思想"或"十八世纪的思想"或"法国思想"的东西，也就是德国精神十分厌恶并予以反抗的东西，都来自英国，这一点不容怀疑。法国人只是模仿这些想法的猴子和演员，也是它们最好的战士，同时令人遗憾的是，也是它们最初和最彻底的牺牲者，因为这些"现代想法"可怕的亲英性，最终使法国灵魂消减并消瘦了，以至于人们今天在回忆起他们的十六和十七世纪，回忆起他们很深、很热情的力量，回忆他们高贵的发明精神时，几乎都不敢相信。但人们必须用牙齿咬住历史合理性这个字眼，来守卫目光和瞬间，也就是欧洲感觉、品位和习俗的贵族感，简而言之就是用所有高的意义来理解这个字眼，这是法国的作品和发明，是欧洲的无耻，是英国现代思想的平民主义。

254

就是到现在,法国仍然是欧洲文化最具有精神性和最狡猾的所在地,也是品位的最高学派——但人们必须知道如何找到"法国品位"。那些具有这一品位的人都隐藏得很深。也许只有很少的人具有这样的品位,也许是一些脚跟站不稳的人,有一些是宿命论者、阴暗的人、病人,有一部分是被娇惯的人和假模假式的人,也就是那些极度想把自己藏匿起来的人。这些人有一个共同点:在民主资产阶级迅速并愚蠢地发出喊叫声前,他们都会捂住自己的耳朵。事实上,今天最先看到的是一个被愚蠢化和粗暴化的法国。不久前,在送别雨果遗体时出现了一些毫无品味的真正狂欢,同时也是某种自我欣赏。他们还有一样共有的东西:既有抵抗精神德意志化的好意志又清楚自己对此的无能!现在,也许,叔本华在精神的法兰西,即悲观主义的法兰西,更感到如鱼得水,而且要比在德国更感觉是在家中。更不用说海涅,他的身心早就化为巴黎更高级和更好的诗人了。或者黑格尔,今天他以丹纳的身份,也就是第一个活着的历史学家的身份,在法国产生了几乎是暴君式的影响。至于谈到瓦格纳:法国音乐越学会向真正的现代要求发展,也就越瓦格纳化,这一点完全可以预言,现在其实已经很明显了!但还有三件事今天依然让法国人感到自豪,并被看作是遗产和属于自己的东西,一种在欧洲具有文化优势的特征,尽管其格调不断呈现出许多自愿和不自愿的德意志化和平民化:一是法国具有追求艺术热情的能力,有对形式的投入,为此发明了为艺术而艺术这句话,还有其他上千句类似的话。类似这样的东西在法国自三个世纪以来都没有缺少过,而且鉴于对小众的敬畏总还能出现文学的室内乐,而在欧洲其他地方则需要去寻找这类东西。二是法国具有超越欧洲优势的东西,也就是其古老的、多样化的道德主义文化,这一文化使人们在报纸上充满浪漫的文章里以及在巴黎偶然发现的娱乐杂志上,也都能找到心理刺激和好奇心,而德国人对此完全没有概念(更不用说见实物了!),德国人缺少几百年之久的道德主义文化,如上面所说,法国就没有缺少过。如果有人以此称谓德国人幼稚,那就是帮助他们把这一个缺点变成优点。(德国人在心理欢愉方面毫无经验,显得天真无辜,这些特点在与德国人交往时感受到的无聊性很相似——作为其对立面的亨利·保尔①最好地体现了充满温柔和恐惧的真正法国好奇心和发明力。他就是那个奇怪的、有超前认识力和跑在前面的人,他以拿破仑的速度穿越他的欧洲,穿越欧洲灵魂的几百年,而这一灵魂的探究者和发现者,需要两代人的时间,才能赶上他,才能猜出让他痛苦和兴奋的几个谜语。他是精彩的

---

① 法国作家司汤达,笔名。

享乐主义者和提出问题的人,是法国最后一个伟大的心理学家。)法国还有第三个占优势的东西:在法国人的本质里,有一种半成功的北方和南方的合成,正是这一点让法国人能理解很多东西,并做一些其他事情,而这些是一个英国人永远不会理解的。法国人与南方若即若离的热情——在这种热情中,省城和意大利地区的血液时不时地会沸腾——这一热情使法国免遭北方可怕的灰色和阴郁:鬼魅和贫血,也就是德国品味的病态。为了反对这种过分的病态,人们目前以巨大的决心提出必须有血有铁,我想说的是,就是规定一种大政治(按照一种危险的治疗艺术,这种艺术教会我要等待、等待,但至今还没有教会我抱有希望)。就是在现在,法国仍对那些更稀有和很难满足的人表示理解和迎合,这类人是如此博学,无法在一个国度里感到满意,无法学会在北方热爱南方,在南方热爱北方。而对那些出生在中部的人,对那些好欧洲人来说,比才是最后的天才,他就是为那些人写音乐。他看到了一个新的美妙和诱惑,他发现了音乐的南方之地。

255

我觉得有必要小心翼翼地对待德国音乐。假设,有一个人像我那样热爱南方,在最精神和最感官的层面,把南方作为治愈的伟大学派,又作为灿烂的阳光和太阳—神化的化身——这些东西笼罩着一个自我赞美和自我相信的存在——这样的人要对德国音乐小心,德国音乐由于其品味的退化,会破坏他的健康。这样的一个来自"南部"的人——当然不是根据他的出生地,而是根据他的信仰——如果他还梦想未来音乐的话,他就必须梦想音乐从北部解脱出来,他的耳朵要听到一个更高级、更强大,也许是更险恶和更神秘的音乐前奏,一种超越德意志音乐的前奏。这种音乐面对充满欲望的大海和地中海的明朗天空,不会像所有德国音乐那样变小、变黄、变苍白;那是一种超越欧洲的音乐,这种音乐即使在沙漠褐色的日落前,还保留其灵魂同棕榈树相通的权利,而且在漂亮的大猛兽中间也感到如鱼得水,并知道如何逍遥……我可以想象一种音乐,其稀有的魔力在于它不再知道善与恶。这种音乐也许是一种船的思乡,任意一个金色的影子,这里和那里温柔的虚弱在这种音乐上流淌。那是一种艺术,这种艺术看到一个正在下沉的、几乎变得无法理解的道德世界的色彩,从很远的地方向它逃来,为了迎接这些后来的难民,表现出非常好客的特质……

256

鉴于民族性的疯狂,过去和现在人们都把病态的异化置放在欧洲各民族之间,同样也鉴于那些目光短浅、行动又过于迅速的政治家——这些政治家今天高高在上,而且完全不知道,他们采取的那种分割政策必定会变成中间政治——,正是鉴于所有这些情况以及一些今天完全说不出口的原因,人们会忽视那些最一目了然的迹象,或对这些迹象进行任意或错误的解释。这些迹象表明,欧洲想成为一个整体。对这一世纪所有更具深度和广度的人来说,他们灵魂里的神秘工作的总方向就是,准备好走向新的统一的道路,并试图让欧洲人看到未来。只有在肤浅的情况下,或在比较虚弱的时候,例如到老年,这些人才会属于"祖国"——即使他们成为"爱国者",也只不过是在进行自我休息罢了。我想到了像拿破仑、歌德、贝多芬、司汤达、海涅、叔本华那样的人。如果我把瓦格纳也算进去的话,希望大家不要生我的气,人们当然不能因为他的自我误解而受到他的诱惑——他那样的天才很少有权利去自己理解自己。当然更不应通过那些有伤风化的吵闹声,现在法国人就用这样的吵闹声来抵制和抵抗瓦格纳。但并不因此而不存在以下事实,即法国四十年代的后浪漫派和瓦格纳紧密地联系在一起。他们在其要求的高度和深度上非常相近,基本上一致。欧洲的情况是:欧洲灵魂通过其多样化和丰富的艺术,向外、向上伸展和渴望。朝何处?朝一个新的光明吗?朝一个新的太阳吗?但谁能准确地说出来那些使用新语言手段的大师们说不清楚的那些事情呢?能够确认的是,同样的狂飙运动折磨着他们,他们以同样的方式在寻找,这些最后的伟大寻找者!所有的人都被文学所控制,一直控制到他们的眼睛和耳朵。他们是受世界文学教育的第一批艺术家，大多数人自己就是写作之人、诗人、艺术和意义的推荐者与综合者（瓦格纳作为音乐家属于画家，作为诗人属于音乐家，而作为艺术家就属于演员）。总的说来都是"不惜一切代价"这一说法的狂热拥护者。我要特别提一下德拉克洛瓦①，他与瓦格纳最相近。所有这些人都是神圣王国里，也是丑恶和可怕的王国里伟大的发现者，是情绪、表演和商业艺术更伟大的发现者，他们的所有这些表演才华远远超过他们的天才能力——他们是彻头彻尾的表演艺术大师，拥有通往所有具有诱惑性、吸引力、强迫性、推翻性之物的秘密通道，是逻辑和直线的天生敌人，渴望陌生的东西、异国情调的东西、巨大的东西、弯曲的东西、自我矛盾的东西，作为人，他们是意志的欲望，是上升的平民，这样的平民在生活和创作中无法掌握一种高贵的节奏、一种柔和的节奏，我们可以拿巴尔扎克为例：他笔下那些无所顾忌的工人，几乎是通过工作来做到自我毁灭的人，那些在风俗、名利和永不满足方面的矛盾者和造反者，他们不平衡也不会享受，最终都是在基督教的十字架旁站不稳和跪下的人（这也有充分理由，因为他们中有谁能深入和纯朴地进入一种反基督的哲学呢？）。总的来说，那些无畏、勇敢、华丽、巨大、朝天上飞和不断往上的更高的

---

① 十八世纪法国画家。

一类人，必须教会他们的世纪，也就是百姓的世纪"更高之人"的概念。但愿瓦格纳的那些德国朋友问问自己，在瓦格纳的艺术里是否有德意志的东西，或者对他的艺术的称赞是不是来自超德意志的源泉和动力呢？但同时不能低估的是，为了培养出这种类型的人，巴黎必不可少。在最关键的时刻，这种人本能的深度就会要求他去追随巴黎。他的出现方式、他的自我信徒形象的方式，只有面对法国社会主义者榜样，才能完全实现。也许在更仔细比较之后，为了向瓦格纳的德国本质致敬，人们会发现，瓦格纳在所有方面都做得更强大、更大胆、更坚硬、更高，高于任何一个十九世纪的法国人。鉴于我们德国人要比法国人更接近野蛮，也许瓦格纳创造的最奇特的东西，对后来整个拉丁民族来说，不仅仅是今天，而且会永远，都无法接近、无法同感和无法模仿，这就是西格弗里德的形象①，那个特别自由的人，那个人确实是太自由、太强硬、太勇敢、太健康，对古老和虚弱的文化民族的品味来说，又太反天主教了。他甚至是反对浪漫派的一个罪孽，这个反浪漫派的西格弗里德！行了，瓦格纳大大摆脱了这一罪孽，在他曾经阴暗的日子里，当他尝到了一种现在已经成为政治品位的东西时，他就以自己的一种宗教渴望，开始寻找通往罗马的道路，如果不是说真的走过去，起码也是开始鼓吹这条路。为了

---

① 瓦格纳歌剧《尼伯龙根的指环》中的男主人公。

让人们不误解我上面最后说的那些话,我想借用几句诗来说明,当然只有很少的人才能猜中我的目的,才能猜中我反对"最后的瓦格纳"和他的"帕西法尔"音乐究竟反的是什么。

> 这还是德意志吗?
> 是从德意志内心里产生这种忧郁的尖叫声吗?
> 这种自我撕裂的方式是针对德国肉体吗?
> 德意志就是神父式地摊开双手。
> 是用香气来诱惑感官吗?
> 德意志就是这种中断、推翻、摇摆不定,
> 这种不确定的摇晃吗?
> 尼姑式的小眼睛,祈祷的钟声,
> 完全虚假、令人陶醉的天上和天外天的感觉?
> 这还是德意志吗?
> 好好考虑一下!你们还站在门口:
> 因为,你们听到的是罗马,是罗马的信仰。
> 无语!

第九章 什么是高贵？

257

迄今为止，"人"这种类型的每一次提升都是贵族社会的作品，这种情况会永远继续下去。贵族社会相信存在着一架由人与人之间的等级差别和不同价值观组成的梯子，并且认为某种奴役是必要的。保持距离的激情——这种激情来自阶层间根深蒂固的差别、来自统治阶层持续的远见以及对下人和工具的永恒蔑视，来自下人同样不断地训练自己要服从和听从命令，保持他们的低下地位并远离贵族。如果没有这种保持距离的激情，就根本不会产生另一种更为秘密的激情，即要求贵族的灵魂继续扩展这种距离，并形成更高、更稀有、更遥远、范围更广的状态，简而言之，就是对人这种类型提升的激情，用超道德意义上的道德公式来表达，就是要继续人的自我超越。当然，人们对一个贵族社会的出现不能抱有人道主义幻想，真相是严酷的。就让我们毫不留情地说出来迄今为止地球上每种更高物种究竟是如何产生的吧！那些尚还拥有自然天性的人、名副其实可怕的野蛮人、拥有不可摧毁的意志力和权力欲的掠夺者都会扑向更弱、更有教养、更和平，也许是从事商业和畜牧业的种族，或者是扑向古老和衰败的文化，在这些文化中，最后的生命力在精神毁灭的耀眼烟花中闪烁不定。高贵种姓一开始总是野蛮人，其优势并不首先是其身体力量，而是灵魂力量，那是些更完整的人（而且在每一个阶梯上也同样意味着是更完整的猛兽）。

258

腐败，指的是在本能中存在着无政府状态的威胁，还指情感的基本构造，也就是"生命"分崩离析了。腐败，根据腐败所显示的不同生命结构，其呈现完全不同。例如，如果一个贵族，如法国革命开始时的贵族，以一种高雅的厌恶抛弃了自己的特权，并让自己成为其道德感膨胀的牺牲品，这就是腐败。实际上，这只是已经持续几百年之久的腐败的结尾，正因为这种几百年的腐败，贵族才会一步步放弃自己的统治权，变成王国的一种功能（最终甚至降为王国华丽的装饰品）。但优秀和健康的贵族的基本特点是，他不感觉到自己是功能（不管是对王国还是对社会），而是作为其意义以及最高的正当性，因此贵族就能心安理得地接受一大批人的牺牲，这些人自己也心甘情愿地被欺压，从而变成不完整的人，沦为奴隶和工具。贵族的基本信仰必定是：社会不是出于社会的意愿而存在，而仅仅是作为下层建筑和支柱，一类被挑选出来的人能在上面完成他们更高的任务，并把自己提升成为更高的存在，就像爪哇岛上那些渴求阳光的攀缘植物，人们称之为SipoMatador（一种藤本植物），这些植物伸出自己的双臂，把一棵橡树紧紧地缠住，一直到高度超过了橡树，在自由的阳光下伸展它们的树冠，展现它们的幸福。

259

相互克制，不向对方施行伤害、暴力和剥削，不把自己的意志等同于他人的意志，这在一定的简单意义上可以成为人与人之间很好的习俗，当然前提是存在可以这么做的条件（即他们身体内部的体力、价值观以及相互的关联性确实很相似）。但如果人们把这一原则继续扩展，甚至扩展到作为社会的基本原则，这一原则马上就会被证明是一种否定生命的意志，是一个瓦解和败落的原则。在这个问题上，人们必须要彻底思考原因，并抵御一切重情感的懦弱。生命本身就是根本上的占有、伤害、战胜陌生和较弱的东西，以及压迫、严酷、强迫别人接受自己的公式，吞并，至少是有一点剥削。但为什么人们总是要用这样的字眼呢，不是自古以来，这些字眼都有中伤他人的意味吗？每个健康的贵族都会出现下述情况，即正如所预料的，身体内部各个部分都能平等相处的人，只要他是一个活生生的，而不是马上就要死去的人，他就必须把身体内部相互克制的东西，用在他人身上，他必须成为真正的强力意志，他要成长，以便扩展力量，吸引他人和获得优势。他这么做不是出于一种道德性或非道德性，而是因为他活着，因为生命就是强力意志。但在欧洲人普遍的意识中，最令人反感的教诲莫过于：现在人们到处在科学的外衣下憧憬未来的社会状态，也就是没有"剥削"的状态，这一点在我的耳朵里听上去就像是人们在承诺要发明一种生活，这种生活会放弃所有的有机功能。"剥削"不属于一个败落或不完整和低级的社会，它属于活生生东西的本质，是作为基本的有机功能，它是真正强力意志的一个结果，也是生命意志。假如说，作为理论这是一种更新，但作为现实，这可是所有历史最早的事实，人们至少要对自己诚实！

260

在研究许多过去和现在仍在统治地球的更为高雅和更为粗暴的道德时，我找到了一些特征，这些特征会定期出现并相互连接，一直到我最终发现两种基本类型以及这两种基本类型的根本区别。一种是主子道德，还有一种是奴仆道德。我马上需要补充的是，在更高和更混杂的文化中，也出现了要调和这两种道德的试验，但更常见的是这种调和所产生的混乱和相互误解，是的，有时还会出现这两种道德艰难的共处，甚至在同一个人身上，在同一个灵魂上。道德价值的区别要么是在一种占统治地位的方式下产生，这一方式愉快地意识到自己同被统治的人的区别，或者就是出现在不同程度的被统治者、奴仆和非独立之人当中。在第一种情况下，如果由统治者决定"善"这一概念，那么灵魂的崇高和自傲状态就是作为奖励，并能确定等级。高贵之人把自己与那些身上出现非自傲状态的人分开，他轻视他们。人们马上发现，在第一种情况的道德中，"善"与"坏"的对立意味着"高贵"和"被轻视"的对立——"善"与"恶"的对立则来自其他的出处。被轻视的人是懦弱者、胆小鬼，是只想得到狭隘好处的小人。还有目光不自由的怀疑者、自我贬低之人和像狗一样的人，这些人让人欺侮，是乞讨别人的马屁者，尤其是骗子。所有贵族的基本信条就是：下等人是爱说谎的人。在古希腊，贵族称自己为"说真话的人"。很明显，在任何地方，道德价值判断首先要从人出发，然后引申出来，放到行为上。所以如果道德历史学家提出"为什么赞扬了同情行为呢"这样的问题，那他的提问是轻率的、错误的。高贵之人感觉自己是决定价值之人，他不需要被别人吹捧。他的判断是：对我有害的东西，本身就有害处，他知道自己才是给予事物尊敬之人，才是创造价值之人。他尊敬在自己身上看到的一切。这样的一种道德是自我美化。高贵之人首先是产生满足的感受，产生想控制一切的权力感和高度紧张的幸福感，并意识到可以赠送和给予他人财富。高贵之人也帮助不幸之人，但不是或几乎不是出于同情，更多的出于渴求，过多的权力造成的渴求。高贵之人尊重自己内心的那个强大之人，也尊重那个能掌控自己的人，这个人也善于说话和沉默，能快乐地在自己身上训练严格和坚韧，并特别欣赏严格之人和坚韧之人。在古老的斯堪的纳维亚的传说中，有这样一句话："魔鬼把一颗冷酷之心放进了我的胸口。"这是一个骄傲的北欧人发自灵魂的一句话。这样的人也同样为自己没有同情心而感到自豪，这就是为什么传说中的英雄还警告道："如果年轻的时候没有冷酷之心，那一辈子也不会冷酷了。"这么思考的高贵和勇敢之人，离一种道德最远，这种道德恰恰是在同情和为他人的行为中，或在冷淡中看到道德的标志。相信自己，为自己而感到自豪，对牺牲自我有一种根本的敌对态度与讽刺，这些同样也属于高贵道德，还有就是对同情心和温暖之心稍稍的轻蔑和小心。强大之人善于尊重，这是他们的艺术和他们发明的王国，对过去和对未来的深深尊敬，全部的权利都以这种双重的尊重为基础。信仰以及有利于逝者和不利于来者的偏见，也都是这种强大者道德的特点。但现代思想者则相反，他们几乎本能地相信"进步"和"未来"，越来越缺少对古老时代的尊重，这些就足以反映他们的想法并非高贵。统治者有一个道德最让当今的品味感到陌生和尴尬，那就是其基本原则的严格性，这个基本原则就是：人们只有面对与自己一样的人才应负起责任，而面对更低级阶层，面对所有陌生的东西都可以任意或"随心所欲"地对待，不管怎么样，就是可以处在善与恶的彼岸。也许同情和类似同情的东西也属于此类陌生的东西。长期感恩和进行复仇的能力及责任，只能在和自己一样的人中间才能实现。完成报答的高贵性、友谊概念的巧妙运用、某种需要敌人的必要性（作为情感的消耗渠道：嫉妒、想吵架，狂妄自大，从根本上来看，是想成为朋友），所有这些都是高贵道德的典型特征，正如上面已经暗示的那样，这些道德不是"现代思想"的道德，所以今天人们很难对这些东西抱有同感，这些道德也很难被挖掘和发现。第二类的道德，也就是奴仆道德，则完全不同。假如那些被强奸、被镇压、受苦和不自由者也把他们自己的不确定性和疲倦进行道德化，那么什么东西会与他们的道德评估相似呢？也许是一种对人的所有状况的悲观怀疑，也许是对人与人相处的谴责。奴仆的目光不赞同强大之人的道德，并对他们怀有疑问和不信任，这种目光怀疑所有被强大之人尊敬的"好东西"，奴仆会说服自己，说他们那里的幸福并不真实。相反，他要强调那些能减轻生活痛苦的品质，并用光来点亮它们，那就是尊重、同情、准备帮助之手、温暖之心、耐心、勤奋、谦卑和友好，因为这些是最有用的特点，几乎是忍受生存压力的唯一手段。奴仆道德基本上是具有实际用处的道德。这也是产生那个有名的"善"与"恶"对立的温床。人们感觉到权力和危险就是恶，是某种恐惧、高贵和强大，是一些不容轻视的东西。按照奴仆道德，"恶"会引起恐惧，按照主子道德，恰恰是善会引起恐惧并愿意引起恐惧，而坏人是应被轻视的。要是按照奴仆道德，主子道德的善也还附有一丝轻蔑在其中——尽管轻蔑的分量非常小，也无恶意——，那么，两种道德的对立会变得最为尖锐，因为在奴仆思维方式中，善良之人必定不是危险之人，这类人怀有好意，并容易受欺骗，也许还有一点愚笨，反正是好心人。只要在这种奴役道德占上风的地方，语言就会有一种倾向，就是会让善和笨的含义越来越靠近。最后的一个基本区别就是：对自由的要求，对幸福和自由感觉的本能也同样属于奴仆道德和奴仆道德性，犹如充满敬畏和献身的艺术和对这种艺术的热衷是贵族思维和价值评估的定期症状一样。从中就可以理解，为什么爱是一种热情，这是我们欧洲的特点，不管怎么说，爱必定具有高贵的出处：众所周知，爱的发明属于省城的骑士诗人，是那些打扮华丽、充满发明精神的快乐之人，欧洲在很多方面，包括自身都要归功于那些人。

261

也许高贵之人最难理解的事物之一就是虚荣，他在另外一种类型之人用双手拥抱虚荣的地方，会努力地否定虚荣。他的问题是，难以想象那些试图让别人称赞自己的人，尽管这些人连自己都不这么想自己，也就是说"不配"得到这样的评价，却还希望别人会称赞自己。对高贵之人来说，这一现象表明了：一方面是如此没有品味和不尊重自己，另一方面则是巴洛克式的非理性，以至于他喜欢把虚荣看作是例外。在大多数情况下，当人们谈论虚荣的时候，他会表示怀疑。例如，他会说："也许我的价值观是错误的，但我仍可以要求，我自己定的价值观可以被他人所承认，但这不是虚荣。"（而是自负或在更多的情况下，这是谦卑，也可称为是谦虚）或者也可以说："出自很多原因，我可以因别人对我的称赞而感到高兴，也许是因为我尊重和爱他们，并为他们的每一个欢乐感到高兴；也许因为他们的称赞也强调和支持了我对自己的信赖；也许是因为其他人的称赞，即使在我不同意的情况下，对我还是有用或有益的，但所有这一切都不是虚荣。"高贵之人首先要强迫自己，也就是借助于历史来说服自己：自远古以来，在所有非独立的人类历史中，普通人是什么就是什么，他们根本就不习惯由自己来决定价值，也不需要规定自己的价值，除了主人规定的价值（也就是主人有权规定价值）。人们可以把这理解为是一个巨大的返祖论的后果，即普通人总是先期待别人对自己的看法，然后本能地相信这种看法，但肯定不仅仅只是期待好看法，他们也期待坏的看法和不适当的看法（例如可以想想那些大部分虔诚妇女的自我评估和自我低估，她们是从神父那里学会的，也就是虔诚的基督徒从他的教堂里学会的）。现在的事实是，随着事物的民主秩序（还有其原因，即主人和奴隶的血缘混合）缓慢地上升，过去的那种高贵和稀有的紧迫要求，也就是从自身出发来确定一种价值，即想象自己是善的，这类倾向越来越受到鼓舞和扩大。但人在任何时候都会产生一种更古老、更宽阔和更彻底的反对自己的固有倾向，在虚荣这一现象中，这一更老的倾向会战胜更年轻的倾向。虚荣之人听到他人对自己的每种称赞都会沾沾自喜（完全不管这种看法是否有益，同样也不管是真是假），而听到不好的看法他就感到痛苦，因为他屈从于两者，他感觉到自己被两种看法所管束，这出自他身上爆发的最古老的服从本能。这是虚荣血液里的"奴隶"，是奴隶恶作剧的剩余物，比如，只要看看现在的女人身上还存有多少"奴隶性"！这样的奴隶试图让人们称赞他，同样，这个奴隶出于感激马上会在称赞前面下跪，似乎这不是他对自己的看法，再说一遍：虚荣是一种返祖现象。

262

物种的产生：物种是在基本同样的不利条件下，通过长期斗争变得稳定和强大的。相反，人们从驯养者的经验中得知，如果对动物过度喂养和过度保护、关心，这些动物就会以最强烈的方式出现变种倾向和畸形现象（包括恶习）。我们现在看到一种贵族社会组织，例如古希腊的城邦或威尼斯，就是一种有利于驯养的活动地。不管出自自愿或非自愿，那里的人相互依靠并依靠自己，他们要贯彻他们的方式，在大多数情况下必须贯彻自己的意愿，不然就会以可怕的方式遭受被灭绝的危险。这里缺少有利于变种的好东西、过分的做法和受保护的条件。物种作为物种有必要根据其忍耐度、一致性和形式的简单性实现自己并生存下来，而且是与邻居，与一同起义的被压迫者，与威胁要进行起义的被压迫者一起，在斗争中生存下去。最丰富的经验教会物种，什么样的品质会使它变得高贵，并教会它不要顾及所有的神明和人——依然存在，依然胜利。物种把这些品质称为美德，它就是要让这些美德发扬光大。它严格地这么做，是的，它愿意严格。每种贵族道德都是不宽容的，无论是在教育青年方面，在管理女人方面，在婚姻习俗方面，在老人和青年的关系方面，还是在惩罚的法律方面（法律只看到变异之人），都是如此。这一道德以"正义"的名誉把不宽容本身看作是美德。有一类人具有少见却很强烈的品质，他们严格，有勇士般的聪明并沉默、完整和封闭（而且对魔法和社会细节有最敏锐的感受），这类人以这种方式超越了世代的变换。在同样的不利条件下进行不间断的斗争，正如上面所说，这就是这种类型的人之所以变得坚定和坚强的原因。但终于出现了一种幸运的状况，巨大的压力减轻了，也许在邻居中没有敌人了，而生活需要的手段，包括享受生活的手段也大大丰富了。这种状况一下子就打破了老的饲养方法传承的纽带和必要性，这种饲养方法感觉自己不必存在，也不能决定生存了。如果它想继续存在，就只能作为一种奢侈形式，作为恢复古风的品味。而变异，无论是变种（进入更高、更高贵和更稀有的层次），还是作为堕落和畸形，突然以最大的数量壮观地出现了，每个个人都敢于单独存在并要与众不同。在历史的这个转折点，出现了神圣的、多重的，像原始森林般的成长和攀升，除了并列，更多的是交叉。在成长的热情中出现了热带的速度和巨大的灭绝并往灭绝方向前进，这归功于疯狂反对他人、同时又不可遏制的利己主义，它们"围绕太阳和光芒"互斗，不知道要从迄今为止的道德中获得界限、节制和手下留情。这一道德汇聚了巨大的力量，这些力量把弓以可怕的方式绷紧；现在，这种道德要"存活"下去。已经到达危险和可怕的时候了，也就是更大的、更多层次和范围更广的生活要超越这一道德。而个人就站在那里，不得不给自己立法，制造自己的艺术，想出自我保存、自我提高和自我解脱的计谋。全是新的为什么，全是新的依靠什么，不再有共同的公式。误解和轻视连接在一切，败落、毁灭和最高的欲望可怕地交织在一起，来自所有好的或坏的聚宝盆的种族天才层出不穷，春天和秋天的同时出现有一种可怕的意味,充满了魅力和面纱——控制了年轻的、还没有被消耗光、还不知疲倦的败落。现在危险又降临了,道德之母来了,很大的危险,这次危险跑到个人身上,跑到了最亲近的人和朋友身上,来到小巷,来到自己的孩子身上,来到自己的心里,来到意愿和意志的和最秘密的东西上。现在,那些道德的哲学家,正在上升的哲学家要布什么道呢?他们,尖锐的观察家和游手好闲者发现,一切会很快结束,围绕他们的一切正在败落和将要败落,到了后天就都什么不存在了。除了一类人,这是些不可救药的平庸人,只有这些平庸之人有希望继续存在下去,继续产生后代,他们是未来之人,是唯一活下来的人。现在唯一的道德就是,"像他们那样变得平庸!"就是这一道德尚还保留意义,还能找到倾听的耳朵。但很难为这一道德布道,这种平庸之人的道德!这一道德永远不能承认它是什么,它想要什么。它必须大谈标准、尊严、责任和友爱,它必须隐藏讽刺。

263

有一种对地位的本能,这种本能要比其他所有东西更能标志一个高的等级。有一种敬畏细节的兴趣,这种兴趣会让人猜到高贵的起源和习惯。如果最高地位的某种东西从灵魂边走过,但这些东西并没有受到令人震慑的权威保护,以避免紧急状况和唐突手段,那么这个灵魂的高贵、善良和崇高就会受到危险的检验。就像一种不明确的、没有被发现的、试验性的，也许是故意被隐藏和伪装的东西，就像一块活生生的试金石在走自己的路。那些探究灵魂并进行练习的人，一定会通过多种形式来使用这门艺术，以确定一个灵魂的最终价值以及属于这个灵魂的不可动摇性和与生俱来的地位，这个人会从敬畏本能的角度出发来考察这个灵魂。区别会引起仇恨，如果一个神圣的容器，一块从锁着的抽屉里找出来的宝物，一本描写大命运的书出现在某些人身边时，某些人的卑鄙会突然像脏水那样喷出来；但也有不由自主的沉默、犹豫的目光和突然消失的表情。这表明了，灵魂感觉到值得尊敬的东西就在附近。欧洲正是以这种方式保留了对圣经的敬畏心，也许欧洲应该感谢基督教给予的最好的教养和最高贵的习俗。为了保护类似这样有深度和最有意义的书籍，需要一种来自外部的权威性，以获取几千年的生存权，而获取和研究这些书本身就需要这么长的时间。如果很多人（平庸之人和所有类型的大肠动物）终于也培养了自己不能触摸所有东西的感觉，可谓收获颇大。在面对一些神圣经历时，他们必须脱去鞋子，不用不洁之手去触摸，这几乎是他们通往人性的最高途径。相反，在所谓的学者身上，在"现代思想"的信仰者身上，也许最令人恶心的是，他们缺少羞耻心，他们肆无忌惮的目光以及他们那双触摸一切的手。很可能出现下列情况，即今天，在百姓当中，在低等的百姓即农民中，还能看到的品味相对好的高贵性以及敬畏心，远高于精神的风流社会（读报纸的人），远高于学者。

264

在一个灵魂身上无法抹去的是他的祖先最喜欢并最常做的事：不管其祖先是吝啬鬼，或是写字桌和钱箱的附属品，不管他们的态度是否谦虚和狭隘，也不管他们在道德上是否也很谦虚；不管祖先是否从早到晚习惯发号施令，沉湎于粗俗的享乐，也许还拥有更粗糙的责任心；不管他们是否曾经牺牲了出生和占有的特权、以信仰和为上帝而活；不管他们是否拥有无情和温柔的良心，这种良心面对别人的调解都会脸红。一个人身上不可能不具备他的父母以及先辈的特点和爱好，即使外表看上去并不这样。这是种族的问题。假设了解了一对父母的某些东西，就可以对他们的孩子做出一些结论，说这个孩子具有某种可怕的毫无节制、某种藏匿的妒忌、某种粗野的强词夺理，而这三样东西在所有时代都是刁民的特点，类似的东西肯定会转嫁到孩子身上，就像是腐烂的血液，哪怕接受最好的教育和培养，最多也只能掩盖遗传的事实。今天教育和教养难道还想要达到别的目的吗？！在我们这个非常平民化的年代，我是说刁民的年代，教育和教养基本上是制造假象的艺术，是要对出生，对身体和对灵魂里的刁民基因加以否认。今天的教育者，要为了宣扬真实性而不停地朝他的弟子们喊:"要真实,要自然,要显示本性"。而即使就像这样一头具有道德和好心眼的笨驴,也会在一段时间后学着去抓贺拉斯的叉子,赶跑本性,成果是什么呢?就是退化为"刁民"。

265

尽管存在无辜的耳朵听了会感到不舒服的危险,我还是要指出:利己主义是高贵灵魂的本质,我指的是那种不可动摇的信仰,即其他不同本质的人必须服从一个像"我们"这样的人,并做出牺牲。高贵的灵魂毫无疑问接受自己的利己主义,也不会因此而感到自己的严酷,不会感到是在强迫他人和肆无忌惮,而更多的是认为在事物古老原则里,这是成立的,如果要寻找一个表达的话,他就会说:"是正义本身。"他承认,一开始,有的情况会让他犹豫,因为还有同他一样有权利的人。但只要他澄清了地位问题以后,他会与这些相同的人和有同等权利的人相处,他会在敬畏、羞耻心和温柔方面非常自信,而这些东西是他带到与他人的交往中的,按照一种天生的、天堂般的机械作用,所有的星辰都熟悉这种机制。他的利己主义的另一部分是,在同相同的人的交往中,高贵和自我限制得到体现——每一个星辰都是这样一个利己者——,高贵灵魂在相同人和具有同等权利的人中间,会自己尊敬自己。高贵的灵魂不会怀疑,交换荣誉和权利是所有交往的本质,也属于事物的自然状态。高贵的灵魂给予,正如获取,均出于回报本能,一种热情和敏感的本能,这一本能是高贵之人的本源。慈悲这个词在平等中没有意义,也不令人感到舒服,也许会有一种崇高的方式接受来自上面的礼物,并把它们当作水滴贪婪地喝下去。但高贵的灵魂掌握不好这门艺术和姿态。他们的利己主义阻碍了他们,高贵的灵魂不喜欢往"上"看,而是要么往自己的前方看、平行看和慢慢看,要么往下看。它知道自己在高处。

266

"只有那些不寻找自我的人,才会真正的尊重他人。"歌德对拉特. ·施洛塞尔说。

267

中国人有一句话,妈妈教育自己的孩子时,说要"小心"——"把自己的心变小!"这是后文明时代的基本倾向。我不怀疑,一个古希腊人马上会看到今天欧洲人的自我缩小,就凭这一点,我们就不符合他们的品味。

268

平庸究竟是什么?词语是概念的音符,但概念或多或少是不断重现和一起出现的感知图像,是感知群的图像。为了能相互理解,用同样的词语是不够的,人们必须为同样性质的内心经历使用同样的词语,必须要同他人有同样的经验。所以同一个民族中,人与人相互之间的理解要好过不同民族的人,尽管这些不同的民族使用同样的语言。更有甚者,如果人们长时间在相同的条件下(气候、土壤、危险、要求和工作)一起生活,就会出现某种相互理解的东西,从而形成民族。在所有的灵魂中都有不断出现的相同经历,这要比那些不经常出现相同经历的情况占上风,因为这些相同的经历使人们相互理解,而且非常之快,会越来越快,语言的历史就是一个缩写史。由于理解得快,人们就更容易联系在一起,会更紧密,越来越紧密。同时危险性也越大,要求迅速和顺当地就要做的事情达成一致的呼声也越大。在危险中能够相互不产生误解,这是在交往中必不可少的东西。在每一种友谊和爱情中,都存在这一考验。只要发现两个人当中的一个在说一样的话时与另一个人感觉不同、看法不同、猜测不同、愿望不同、担心也不同,那么友谊和爱情就不会长久。(对"永恒误解"的惧怕:这是善意的守护神,正是这种守护神使不同性别的人免于过快地建立精神和心灵的联系,而不是叔本华提出的那种类型的守护神!)在一个灵魂里,哪组感觉会最快地清醒、最快地说出来、下命令,决定了其价值观的全部地位和它所拥有的东西。一个人的价值判断暴露了其灵魂结构的一部分内容，以及这一灵魂在哪里会看到他的生存条件和自己的困境。假设困境从来都是使得那些以同样的符号暗示相同的要求和相同结果的人走近，那么就可以说，困境更容易产生人与人之间的相通性，这就是说，仅仅是对一般和通常的经历的体验，就是迄今为止所有可以掌控人的力量中最大的力量。更相同和更普通的人过去和现在都是获利者，而那些更稀有的、更高级的和更难理解的人很容易孤独，很容易一个人待着和受到伤害，所以很不容易有后代。我们必须唤起非常大的反作用力，以挫败这些自然的、过于自然的过程，阻止人变得越来越相似、普通、平均，以免出现像羊群那样进入平庸的现象！

269

如果心理学家——一个天生的、必定会成为心理学家和认识灵魂的人——越来越深入那些稀有病例和稀有之人的话，他被同情心所窒息的危险也就越大。他比其他人更需要严酷，也更需要愉快。因为堕落、更高一级的人和变质灵魂的走向灭亡是一种规律，不停地看到这一规律，会很可怕。发现这一败落现象的心理学家，第一次发现这些高贵之人不可治愈，并确认无论如何已经为时太晚，后来他又几乎不停地屡次看到这现象，他受到的多层痛苦使得有一天在他自己身上发生了这种情况，那就是他痛苦地转向自己并试图自我摧毁，也就是他自己也"堕落"了。我们几乎在每个心理学家身上都发现他们奇怪地偏爱和有兴趣地同普通正常人交往，这就暴露了他也需要自我治愈，需要某种形式的逃脱和遗忘，需要远离他的远见和手艺，以及他的职业赋予他良心的东西。恐惧自己的记忆是他固有的特点。他在其他人的偏见前，很容易沉默。他毫无表情地听着人们在他能看到的地方，诉说自己尊敬什么、重视什么和欣赏什么以及热爱什么和美化什么。或者，他强调赞同一种表面的看法，以掩盖自己的沉默。也许，他的处境的荒诞性会变得如此可怕，以至于恰恰是在他学习到伟大的轻视和同情的地方，会有很多人、有教养的人、着迷的人在学习欣赏，欣赏"伟大的男人"和奇迹动物，就因为这些东西，人们祝愿自己拥有祖国、大地和人的尊严，并敬重这些东西，这些本是规范和教育青年的东西……谁知道，迄今为止是否在所有大事件中都会产生同样的结果，那就是人们向一个上帝祈祷，而上帝只是可怜的祭祀品！成功永远是最大的说谎者，"作品"本身才是成功。伟大的政治家、征服者、发现家都伪装在他们的创作中，直到被认不出来为止。艺术家、哲学家的"作品"最先发明了创造之人和本应该创造之人。受到尊敬的伟大的男人实际上是很差的小诗作，正如在历史价值的世界里，伪金币占统治地位。例如伟大的诗人，如拜伦、缪塞、爱伦·坡、莱奥帕尔迪、克莱斯特、果戈理，他们就是这样的人，或必须是这样：他们是追捕瞬间之人，激动、感性，如儿童一般，在怀疑和相信方面都很轻率和突然，灵魂中总有一些瑕疵要掩盖，他们常常用作品来为内心的一种侮辱复仇，企图通过游离来遗忘一种过于熟悉的记忆，常常在泥潭里迷路或喜欢上了泥潭，直至他们差不多像泥沼周围的鬼火，却伪装成星星。老百姓把他们称为理想主义者，他们常常与一种强烈的厌恶情绪斗争，与不断出现的非信仰的魔鬼斗争，这种非信仰把一切变得冷漠并强迫他们追求光辉，并要从那些喝醉的马屁精身上吸取对自己的信任。这些伟大的艺术家以及更高级的人，给那些看透他们的人造成何等的痛苦！可以理解的是，他们恰恰从女人那里——女人在受难的世界里具有洞察力，但遗憾的是，她们帮助和拯救的欲望也超过了自身的能力——看到了女人们毫无节制的同情心大爆发。但人们，特别是那些尊重伟大诗人的人，不理解这种同情心的爆发，并对此产生好奇的、为我所用的解释。这种同情心定期被骗，超越了自己可以接受的能力。女人很愿意相信爱情无所不能，这是她们实际的信仰。不过，心的认知知道，最好最深的爱情是多么可怜、愚蠢、无助、不可一世、错误，破坏性大于拯救性！也许在有关耶稣生平的神圣寓言和杜撰中，存在着有关爱情殉难的最痛苦的故事之一，也就是最清白、最让人仰慕的心的牺牲，这颗心需要的爱无穷无尽，要求爱和被爱，除此以外什么也不要，这颗心用严酷、疯狂和可怕的发怒反对那些拒绝给他爱的人。这是一个可怜的、永远吃不饱和填不饱之人的爱情故事,这个人必定会发明地狱,并把那些不爱他的人往那里送,而那个终于了解爱的人也必须发明一个上帝,这个上帝就是爱和有能力爱,这个上帝会同情人的爱,因为这种爱是如此可怜,如此无知!那些有这种感觉的人并了解爱情的人会寻找死亡。但为什么要沉湎于这么可怕的东西呢?假设,人们不一定非这么做不可。

270

深受痛苦之人精神上的高傲和恶心——人的痛苦的深度,几乎决定了其等级——他的可怕的确信——这一确信完全占据和改变了他——,他鉴于自己的痛苦,知道的要比最聪明和最智慧之人还要多。这样的人很了解许多遥远和可怕的世界,并曾在里面如同感觉是"在家里",而你们对这一切却一无所知……受苦之人这种精神上沉默的高傲、被选中的知识之人、"通晓内情之人"和几乎是被牺牲之人的这种自豪,会觉得所有形式的伪装都是必要的,以保护自己不受那些咄咄逼人和同情之手的触摸,特别是避免不是同路人的痛苦。很深的痛苦使人高贵,会让自己与他人分开。最高贵的伪装形式之一就是享乐主义和某种显露自己勇敢品味的做法,这种勇敢性可以轻易地接受痛苦,并反对所有悲伤和深刻的东西。快乐的人是有的,他们使用快乐,为了被人误解,他们愿意被误解。科学之人是有的,他们使用科学,因为科学给人一种快乐的表象,因为科学性可以得出人是肤浅的结论,他们就是要诱惑人们得出错误的结论。自由和调皮的精神是有的,它们愿意隐藏和否认自己是破碎的、无法治愈的骄傲之心,到现在为止,头脑简单本身就是一种凶险和无所不知的知识。从中得出的结论就是:这一认识属于更高级的人性,即,要敬畏面具,不要在错误的地方从事心理学并怀有好奇心。

271

能使两个人彻底分开的东西就是对纯洁的不同理解以及程度。勇敢和相互利用在这里完全没用,相互祝愿也没用。最后的结果就是他们都无法互相闻闻对方了!纯洁的最高本能就是让那个和自己绑在一起的人,进入最奇异和最危险的孤独之中,变成一个圣人,因为这就是神圣性,也就是上面提到的本能的最高精神化。了解沉浸在幸福中时无法言说的感受、不断地把灵魂从黑夜带入清晨、把阴暗和"悲伤"带入光明,以及深刻和高尚的某种情欲和饥渴,这些被看作是一种高贵的倾向,这一倾向也会把人分开。圣人的同情是针对人性、过于人性的肮脏同情。在圣人自己感觉到同情是不洁和肮脏之处,也存在着程度和高低的不同。

272

高贵的标记：永远不要考虑把我们的责任降低成针对每一个人的责任，不要把自己的责任交给别人或与别人分担；要把特权和实施特权看作是自己的责任。

273

一个追求伟大的人会把他在路上遇到的每一个人都看作工具，或者看作扰乱和障碍，或看作是短时间的睡床。如果他达到了自己的高度并处于统治地位，那他就会对他人表示出他独特的、极其高级的善良。他的不耐烦以及他意识到自己注定要成为喜剧——因为即使是战争也是一个喜剧，也会隐藏事物，如每个手段隐藏目的那样——会使他无法与他人交往。这种类型的人了解孤独，以及什么是这种孤独的最最有毒之处。

274

等待者的问题。需要各种幸运条件和许多不可预见性，才能让一个更高层次的人、内心问题还没有解决的人，及时地行动起来，正如人们所说，才能"爆发"。一般来说，不会发生这种情况，而在地球上的各个角落都坐着等待者，他们几乎不知道，他们要等多久，但他们更不知道的是，他们的等待是徒劳的。再加上，唤醒他们的呼声也来得太晚，也就是允许他们行动的偶然性来得太晚；结果是最好的青春和行动的力量都被静坐所消耗。正如有些人揭示的那样，他正要"跳起来"，就可怕地发现他的四肢已经麻木，精神已经过于沉重！他对自己说："已经太晚了"，他已经不再信任自己，然后就变成了永远的废物。难道在天才的王国里——天才就是"没有手的拉斐尔"，要用最广义的角度去理解这句话——这种情况不是例外，而是规律？也许天才并不稀有，但需要五百双手抓住最适当的时机，抓住偶然的机会！

275

不想看到另一个人的高度之人，会更起劲地寻找这个人身上低级和肤浅的东西，这样他就自己暴露了自己。

276

面对所有类型的伤害和损失，更低级和更粗鲁的灵魂要比更高贵的灵魂感觉会更好过，后者的危险肯定更大，他们遇到不幸和衰亡的概率也很大，尽管他们的生活条件要好几倍。在一个壁虎的断指上会长出一个新指，但人就做不到。

277

够了!又是一个老故事!一个人在盖好自己的房子后,发现自己学会了意想不到的东西,而这些东西本应在盖房前就知道。永远的遗憾:太晚了,这是对所有已经完成的事物发出的伤感!

278

流浪者,你是谁?我看见你走你的路,没有嘲笑、没有爱,深藏不露的目光,湿乎乎和悲伤得犹如一把铅锤,不断地从深处又回到明亮处,它在下面找什么?用一个不会埋怨的胸口,用一个隐藏恶心的嘴唇,用一只慢慢摸索的手,你是谁?你在做什么?你休息一下。这个地方对谁都热情招待,恢复一下体力!不管你是谁,你现在喜欢什么?什么东西能帮助你休息?你只要说出来,我有的,我都会给你!"为了休息?为了休息?哦,你这个好奇的人,你在说什么!但给我,我请求你……"什么?什么?说出来吧!——"再要一个面具!第二个面具!"

279

怀有深度悲伤的人,只要他们幸福,就会暴露自己。

他们有一种理解幸福的方式，似乎出于嫉妒，他们要挤压幸福和让幸福窒息，是的，他们太知道，幸福正远离他们！

280

"太糟了，太糟了！怎么啦？他不回来了吗？"是的，不过，如果你们表示不满，你们就是不理解他。他会回来的，就像每一个要跳跃一大步的人。

281

"人们会相信我吗？但我要求人们相信我。我一向都觉得自己很坏，也把自己想得很坏。我只有在很少的情况下，在被迫的情况下，总是对"此事"毫无兴趣的情况下，才准备脱离"我"，也永远不相信结果。正是借助这种对自我认识的可能性产生的某种自然轻松的怀疑，正是因为这一怀疑把我带到很远的地方，以至于在理论家所承认的直接认识这个概念上也会让我看到一个矛盾——这全部的事实几乎是我对自己了解的最肯定的事实。在我内心肯定对下列状况存在着一种反感，即相信自己对自己有一定的了解。也许这里有一个谜？太有可能了，但幸运的是，这不是有关我牙齿的谜。也许这一点暴露了我属于的那类人？但肯定不是我，正如我自己一直希望的那样。

282

"不过,你遇到了什么?"他犹豫地回答:"我不知道,也许女巫刚从我的桌上飘过。"现在有时会出现这种情况,即一个温和的、平庸的、很有节制的人突然变得疯狂起来,把盘子打碎,把桌子掀掉,号叫着,咒骂全世界——然后终于走到边上,感到羞愧,生自己的气——去哪里?为了什么?为了找个没人的地方饿死?为了被自己的回忆窒息致死?一个人如果拥有一个更高的、挑挑拣拣的灵魂,自己又很少铺吃饭的桌子,光吃现成的饭菜,这种人的危险性在任何时候都很大,但今天,这种危险性会特别大。这样的人被抛入一个乱哄哄的平民时代,他不想与同一个时代吃一锅饭,他很容易饿死和渴死,或者,他进食了,也会被突然的恶心致死。我们大家也许已经都在本来不该去的桌子旁坐过,特别是我们之中最有精神高度的人、最难养活的人,他们了解那种危险的消化不良,这种消化不良产生于对我们的食品和对同桌人突然的认识和失望——是那种饭后甜点造成的恶心。

283

一种高尚同时又很高贵的自我控制是:如果想赞扬,

永远只是在与自己看法不同的地方赞扬，否则就是自己表扬自己，而这是违背好品味的。自然，这种自我控制提供了不断被误解的乖巧理由和动力。人们为了使自己具有这种真正的奢侈品味和道德性，就不要在精神的愚蠢者中间生活，而是要在那些人中间生活，这些人即使被误解了，做错了，还能通过他们的高尚让人快乐——否则人们必须付出很高的代价！——"他表扬我，所以就给了我权利"，这种笨驴般的结论毁了我们这些隐居人的半生，因为生活把这头驴带到我们身边，成了我们的邻居和朋友。

284

以一种巨大的自豪从容地生活，永远处于彼岸。他的情感，任意地反对什么和赞同什么，居高临下地对待这些东西，几个小时，坐在上面，就像骑在马上，常常像是骑在驴子上——因为人们必须知道怎么样才能利用自己的愚蠢，犹如利用自己的火焰。他要保存三百个理由，还有墨镜，因为会发生这样的情况：不允许他人看自己的眼睛，更不能让他们看透我们的"理由"。还有那种充满恶作剧和欢快的恶习，即选择礼貌地对待社会。继续成为四种美德的主人，即勇气、真知灼见、同情和孤独。因为孤独在我们这里是一种美德，是高雅倾向和对纯洁的要求，这显露了人与人在社会接触中会如何不可避免地变得不纯洁。每种组织都会以某种方式，在某个地方，在某个时刻把人变得"低下"。

285

最伟大的事件和思想。但最伟大的思想就是最伟大的事件，也最晚被理解。与这些事件和思想同时代的人不会亲身经历这些事件，他们只是从这些事件旁走过。这里发生的事情犹如星空的帝国。最远的星星光芒要最晚才降临人间。在星星的光芒没有到来以前，人会否认那里有星星。"一种伟大的精神需要多少个百年才能被人理解呢？"这也是衡量的尺度，好让人能制造等级制度和礼仪，这么做是必要的：为了精神和星辰。

286

"这里能看到远景，精神提升了。"但也有相反类型的人，他们也站在高处，也能看到远景，但却朝下望。

287

什么是高贵？今天"高贵"这个词对我们还意味什么？通过什么可以发现高贵，人们可以通过什么认识到高贵之人呢？在正在开始的平民统治的乌云密布的天空下——在这样的天空下,一切都朦朦胧胧,都像铅那般沉重——,人们可以通过什么发现高贵,可以通过什么认识到高贵之人呢?能证明高贵之人的不是行为,行为永远可以有多种解释,也永远无法探究。证明高贵之人的也不是作品。今天人们在艺术家和学者那里可以找到足够的人,这些人通过他们的作品暴露了一种追求高贵的深深欲念是如何推动了他们。但恰恰这种追求高贵从根本上不同于高贵灵魂自身的追求,这正是他们的缺点所包含的意味深长和危险的特征。有决定权的不是作品,而是信仰,这一信仰决定了级别,这里是要用一种新的和更深的理解来重新接受一个古老的宗教公式:这就是某种基本确定性,一个高贵灵魂具有了解自己的这种确定性,一种无法寻找,也无法找到的确定性,这种确定性或许也不会被夺走。高贵的灵魂对自己有一种敬畏心。

288

有些人以一种不可避免的方式拥有精神,不管他们想用什么方法逃避,并用手蒙住暴露一切的眼睛(就好像手不会暴露似的!),最后的结论一定是,他们拥有某种他们想隐藏的东西,即精神。为了至少可以尽可能长久地骗别人,并能成功地装出一副比自己更笨的样子——这么做在普通的生活里常常像一把伞那般有用——做到这点的最高尚手段之一叫做热忱,再加上一些属于此类的东西,例如美德。正如加利亚尼①所说,他肯定知道这点:"美德即热忱"。

289

从一个隐士的作品里总能听到荒凉的回音,听到小声说话的声音和孤独胆怯的左顾右盼。在他的最有力的话语里,在他的呐喊声里,有一种新的和更危险的沉默和隐藏方式。那些一年又一年、一天又一天地同自己的灵魂在熟悉的纷争和对话中度过的人,那些在自己的洞穴里——这可能是一个迷宫,但也可能是一个金矿——变成了一头熊、一个淘金者或者变成了宝藏的守护人和龙,他们的概念最终保留了一种薄暮色彩,保留了自己的气味,比霉味还要重的气味,保留了一些说不出来和令人反感的东西,这些东西可以吹跑任何路过的人。假设哲学家首先是一个隐士,可隐士不相信会有一个哲学家在书里表达了他自己最后的看法,人们难道不是为了隐藏自己身上藏匿的东西才写书的吗?是的,隐士会怀疑一个哲学家是否真的会有最终的看法、自己的看法,他会怀疑在哲学家那里,在每一个洞穴后面是否或必须有一个更深的洞穴——一个看起来范围更广、更陌生和更丰富的世界,每一个"理由"后面的一个深渊,每一

---

① 意大利经济学家。

个证明下的一个深渊。每一种哲学都是表面哲学，这是隐士的判断："他站在那里，朝后望，环顾四周，他不继续挖，他把镐扔在一边。由此可以看出，这其中有让人怀疑的东西。"每种哲学都隐藏着另一种哲学，每种看法都是一个隐匿处，每个字都是一个面具。

290

每个深刻的思考者更担心自己被理解，而不是被误解。后者也许会让他的虚荣心受到伤害，而前者，受伤的是他的心、他的同情心，那就是："啊，你们为什么要和我一样这么艰难呢？"

291

人是一种含多重性、好说谎、做作和让人看不透的动物，人不是通过自己的力量，而是通过计谋和聪明让其他动物感到可怕。人发明了善心，好欣赏自己灵魂的简单，而全部的道德则是一个善意、长久的作假，就因为这种作假，才能在看灵魂时得到享受。在这样的立场下，属于"艺术"这个概念的东西也许要比人们想象的多得多。

292

一个哲学家,就是一个持续地经历、看到、听到、怀疑、希望和梦想特别事物的人。他被自己的想法所击中,如同被从外面、从上面和从下面,被他自己所经历的事件和闪电所击中。也许他本身就是暴风雨,通过新的闪电而怀孕,他是一个充满灾难的人,在他周围老是有各种噼里啪啦的声响,非常恐怖。一个哲学家,嘿,就是一个常常想离开自己的人,一个常常害怕自己的人,但他过于好奇,以避免总是"回到自己"……

293

有人说:"我喜欢这个,我要拿走它,让它成为我的东西,我会保护它,并不让其他人伤害它。"这样的人能干事,能实施决定,能忠实于一个思想,能保住一个女人,能惩罚和打倒一个虚张声势的人。这个人有自己的愤怒和剑。弱者、受苦之人、受逼迫者,以及动物都喜欢追随他,从根本上来看也隶属于他,简而言之,从本质上来看,他就是主人。如果一个这样的人还具有同情心,那么,这种同情心就有价值!那些受苦之人的同情心有什么用!那些鼓吹同情心的人有什么用!今天,在欧洲几乎到处都存在一种对痛苦的病态敏感和易怒性,同时还有令人反感、毫无节制的抱怨，一种娇柔化，这种娇柔化试图借助宗教和哲学的废物来打扮成某种更高级的东西，这样痛苦就有了自己虔诚的仪式。在热衷者的圈子里被说成是"同情心"的东西，正如我所说，第一眼就能看到这种东西缺乏阳刚气。人们必须有力和彻底地驱除这种最新的差品味，我终于希望，人们现在可以把"军刀"这个护身符带在心和脖子上——那是"快乐的科学"——为的是让德国人清楚地看到这点。

294

奥林匹克的恶习。那个作为真正英国人的哲学家，试图让所有思考的脑袋都认为笑很坏："笑是人类天性不应出现的病态，每个思考者应该努力克服。"（霍布斯）为了抵制这个哲学家，我甚至允许自己提出哲学家地位的问题，也就是根据他们笑的程度来给他们定位，包括那些有能力发出金色大笑的人。假设诸神也能搞哲学，有些结论已经让我这么想了：我不怀疑，他们在搞哲学的时候完全知道自己是以一种超人类的、新的方式大笑，甚至不惜付出牺牲所有最严肃事物的大代价！神明喜欢讽刺，看起来，他们甚至在干自己的神行时，也不会不笑。

295

　　心的天赋，正如那个伟大的隐身者、那个试验者—神和天生的良心捕猎者所拥有的心的天赋——这一良心的声音一直可以深入到每个灵魂最底部的世界——这样的良心捕猎者不说一个字、不望一眼，每一个目光里都既没有顾忌，也没有丝毫诱惑，他的能力就是善于出现。让他的那些追随者不断地靠近他，更内心、更彻底地永远追随他的原因不是他是什么，而是这些人必须这么做。心的天赋，就是让所有的声音和自我欣赏都沉默，并教会人们倾听。心的天赋安抚人们的粗暴心灵并让人们尝试一种新的要求；静静地躺在那里，就像一面镜子，而苍穹就在镜子里面；心的天赋就是教会你的手不要那么犹豫，而是要更温柔地去抓，猜中被隐藏和被遗忘的宝藏，猜到在厚厚的冰层下面是善良和甜蜜的精神水滴，是每一颗金子的探测仪，这些金子被埋葬在充满污泥和沙砾的监禁中。每一个被心的天赋抚摸过的人会更充实地继续走，没有被救赎，也没有被惊吓，不是像被别的善良所感动或感到压抑，而是自身变得丰富，比以前新了，开始起步了，被充满露水的风吹拂和探听，也许更不安，更温柔，更脆弱，更破碎，但充满希望。这些希望还没有名字，充满了新的意志和潮流，充满了新的非意志和逆流……但我的朋友，我在干什么？我在和你们说谁？难道我已经遗忘了自己，以至于我都没有告诉你们他的名字？除非你们自己已经猜出来，这一个令人产生疑问的精神、这个神究竟是谁，能被如此地赞颂。正如每一个从小就流浪在路上的人会经历的那样，我也同样在路上遇到了奇怪的和并非不危险的精神大师们，特别是我遇到了刚刚提到的那个人，而这个人就是酒神狄俄尼索斯，那位伟大的具有两重性的试验者—神。我曾经，正如你们知道的，非常秘密和敬畏地把我最初的作品献给他，在我看来，我是给他送上祭品的最后一个人，因为我没有找到另一个能理解我当时做了什么事情的人。现在我已经学了有关这个神的哲学的很多东西，太多的东西，而且正如上面所说，是口传口的，我是酒神狄俄尼索斯的最后一个弟子和知情者。也许我终于可以开始，给你们，我的朋友们，一点这种哲学的甜头？用一半的音量，这很合理，因为这里要说的话关系到一些秘密，一种新的、陌生的、奇怪的、可怕的东西。光凭酒神是一个哲学家，也就是说神也搞哲学，对我来说就是新事物，这一新事物并非没有恶意，也许恰恰是想引起哲学家们的怀疑。在你们中间，我的朋友们，这一新事物的敌人会少得多，除非它来得太晚和不及时，因为正如有人对我坦白的那样，你们今天不愿意信仰上帝和诸神。或许也是因为我必须讲得非常坦率，所以那些话不是你们严谨的耳朵喜欢听的？肯定的是，上面提到的神在同样的对话中会走得很远，更远，总要比我自己远好几步……如果允许的话，我会按照人的做法给予他漂亮的、神圣的、充满赞美和美德的名字，赞赏他的研究和发现他的勇气，赞赏他的正直、真实和对智慧的爱。但这样的一个神，面对这些溢美之词会不知所措。他也许会说："留给你自己吧，留给你和同你一样的人或其他有需要的人。我，我没有理由掩盖自己的赤露！"人们猜测，也许这类神和哲学家缺少羞耻心？他曾经说过："在一定的情况下，我是爱人的——这里他是暗示在场的阿里阿德涅——对我来说，人是一个让人感到舒服、勇敢和充满发明精神的动物，在地球上找不到类似的动物，这种动物能适应所有的迷宫。我对人很好，我常在想，我怎么能推进他，并让他比现在更强大、更凶狠和更深刻。"我害怕地问道："更强大、更凶狠和更深刻？"他又说了一遍："更强大、更凶狠和更深刻，也更美"，说这话的时候，他这个试验者—神露出了它安宁的微笑，似乎他刚刚说完了令人陶醉的乖巧话。在这里人们可以看到：这种神明不仅缺乏羞耻心，甚至还让我们有理由猜测，这些神明的某些部分必须要向我们这些人请教。我们是人，我们要人性得多……

296

嘿，我的写下来的和画下来的思想，你们究竟是何物？就在不久以前，你们还是那么五彩斑斓、年轻、狡诈，浑身长满了刺，并充满各种奇异的味道，害得我连打喷嚏、大笑不已。而现在呢？你们失去了新意，我担心，你们中的几位已经准备变成真理。它们看起来已经是不朽的样子，正直得令人心碎，而且十分无聊！是不是情况一直就是这样呢？我们到底书写和绘画了什么，我们这些使用毛笔的中国官吏，我们让那些可以写下来的东西永恒，我们自己到底能临摹什么呢？嘿，永远只是那些要凋谢并开始发臭的东西！啊，永远只是逝去和结束的暴风雨，还有已经生锈的、太晚的情感！永远只是飞累了的、迷失的、用手就能抓住的鸟儿，用我们的手！我们把不能长久生存和飞翔的东西，也就是疲劳和腐烂的东西永恒化！只是你们的下午降临了，我的写下来和画下来的思想，就为了你们的下午，我准备了颜色，也许很多颜色，很多彩色的温柔之情，五十种黄色、褐色、绿色和红色，但没有人能告诉我，你们在你们的清晨看上去是什么样，你们这些从我的孤独中突然喷发的光芒和奇迹，你们是我过去深爱的可怕思想！

来自高山峻岭　终曲

哦，生命如日中天的时光，庄严的日子
哦，夏日的花园
站立、窥望和等待中惶恐不安的幸福：
我在期待朋友，不分白昼和黑夜，
你们这些朋友究竟在何方？快来吧，时刻已到，时刻已到！

灰色的冰川今天点缀了红色的玫瑰
难道不是为了你们？
小溪的流水寻觅你们，风和云充满渴念地
挤压和相撞，今天上升到蔚蓝之地，
好从飞鸟的高度窥望你们。

为你们，我的桌子放满了佳肴
谁住得离星星如此之近，谁离最灰暗的深渊又如此之远？
那是我的帝国，哪个帝国会伸展到如此辽阔？
而我的蜂蜜，谁曾经尝过它？

是你们，我的朋友！悲哀呀，我已经不是

你们向往的人？
你们在犹豫、吃惊，啊，你们甚至更想诉苦！
我不再是我？调换了手、脚、脸？
那对你们这些朋友，我是什么，我不再是我？

我曾是另外一个人？对自己很陌生？
我从我自己身上蹦出来？
一个搏斗者，太经常地自己征服自己？
太经常地抵御自己的力量
并因为
自己的胜利受伤和受困？

我寻找，风在什么地方刮得最猛烈？
我学会居住在
没人居住的地方，在冰熊栖身的荒凉地区，
荒疏人、上帝、诅咒和祈祷？
变成了行走在冰川上的魔鬼？

你们这些老朋友！看啊！你们苍白的目光，
充满了爱和恐惧！
不，你们走吧！不要生气！你们无法在这里居住：
在最远的冰天雪地和岩石中间
住在这里的人必定是猎人和他的同类

我曾经是一个很糟的猎人!你们看
我的弓是如此紧绷,
射出这种箭的人是最强之人
但可叹啊!箭很危险,
比其他的箭更危险,离开这里吧!为了你们的安康!

你们转身而去?哦,心,你承受得够多,
你的希望依然巨大:
给你的新朋友们打开你的门!
让老朋友离去,不要再记住那些回忆!
你曾经年轻,现在你更年轻!

把我们连在一起的是希望的纽带,
谁还会去读当年由爱写下的符号,这些符号如今已经褪色?
我把它同羊皮纸比较,我的手不敢
拿起这纸,我的手如同它一样被火烧焦,变成褐色。

不再是朋友了,他们,我该如何称呼?
只是朋友的鬼影!
夜里也许还会敲我的心和窗户,
会看着我,对我说:"我们曾经不是朋友吗?"
哦,破碎的字眼,可当年像玫瑰那般芳香!

哦,青春的渴望,误解了自己!

我渴望的那些人，
我妄想能与他们亲近和变化的那些人，
当他们变老了，就会消失：

而只有那些不断改变自己的人，会继续与我惺惺相惜。
哦，生命如日中天的时光！第二个青春！
哦，夏日的花园！
站立、窥视和等待中惶惶不安的幸福！

我在期待朋友，不分白昼和黑夜，
新朋友！快来吧，时刻已到，时刻已到！

歌唱完了，渴望甜蜜的呼唤
僵死在嘴里
那是魔术师的手法，及时到来的朋友，
那是正午的朋友，不，不要问他是谁
是正午的时光，此刻一变成了二……

现在我们要庆祝，为了合二为一的胜利，
那是所有节日中的节日：
朋友查拉图斯特拉来了，他是所有客人中的客人！
现在世界笑了，可怕的幕布掉落，
光明与黑暗的婚礼开场……

图书在版编目（CIP）数据

善与恶的彼岸：一种未来哲学的前奏/（德）弗里德里希·尼采著；李健鸣译. -- 北京：华夏出版社有限公司，2020.1
ISBN 978-7-5080-9873-9

Ⅰ.①善… Ⅱ.①弗… ②李… Ⅲ.①善恶－哲学理论－研究 ②哲学理论－德国－近代 Ⅳ.①B82②B516.47

中国版本图书馆CIP数据核字（2019）第239107号

善与恶的彼岸：一种未来哲学的前奏

作　　者	［德］弗里德里希·尼采
译　　者	李健鸣
责任编辑	陈希米　王霄翎
责任印制	刘　洋
出版发行	华夏出版社有限公司
经　　销	新华书店
印　　刷	北京汇林印务有限公司
装　　订	北京汇林印务有限公司
版　　次	2020年1月北京第1版 2020年2月北京第1次印刷
开　　本	880×1230　1/32开
印　　张	8.25
字　　数	180千字
定　　价	59.00元

华夏出版社有限公司　地址：北京市东直门外香河园北里4号
邮编：100028　电话：（010）64663331（转）　网址：www.hxph.com.cn
若发现本版图书有印装质量问题，请与我社营销中心联系调换。